本著作是中国特色社会主义经济建设协同创新中心一般项目"产业结构升级、经济波动平稳化和经济风险问题研究"、国家自然科学基金项目"资金关联、资金供求与资金配置：宏观资金流视角的应用一般均衡模型构建及政策分析""上市公司非交易数据研究"项目的阶段性研究成果。

青年学者文库

中国经济波动的平稳化问题研究

基于动态随机一般均衡模型的分析

张四灿
张 云　著

天津出版传媒集团

天津人民出版社

图书在版编目(CIP)数据

中国经济波动的平稳化问题研究：基于动态随机一般均衡模型的分析/ 张四灿，张云著.-天津:天津人民出版社,2018.12
（青年学者文库）
ISBN 978-7-201-14264-7

Ⅰ.①中… Ⅱ.①张… ②张… Ⅲ.①中国经济-经济波动-研究 Ⅳ.①F124.8

中国版本图书馆 CIP 数据核字（2018）第 266417 号

中国经济波动的平稳化问题研究：基于动态随机一般均衡模型的分析
ZHONGGUO JINGJIBODONGDE PINGWENHUAWENTI YANJIU

出　　　版	天津人民出版社
出 版 人	刘　庆
地　　　址	天津市和平区西康路 35 号康岳大厦
邮政编码	300051
邮购电话	（022）23332469
网　　　址	http://www.tjrmcbs.com
电子信箱	tjrmcbs@126.com
责任编辑	王　玲
封面设计	明轩文化·王烨
印　　　刷	高教社（天津）印务有限公司
经　　　销	新华书店
开　　　本	787 毫米×1092 毫米 1/16
印　　　张	11.25
插　　　页	2
字　　　数	200 千字
版次印次	2018 年 12 月第 1 版　2018 年 12 月第 1 次印刷
定　　　价	78.00 元

前　言

　　中国经济自 20 世纪 90 年代中期后波动幅度明显下降，出现平稳化趋势。根据"冲击–传导机制"的分析框架，外生冲击通过特定传导机制引起相应经济变量的波动，而传导机制对外生冲击能够起到减缓或者放大效果。显然，在传导机制不变的情形下，冲击强度的减弱必然引起经济波动幅度的下降。鉴于改革开放以来，中国经济自身运行机制日益改善，本书强调外生冲击传导机制改善对经济波动状况的影响，主要以动态随机一般均衡模型作为基本分析工具并采用数值模拟方法，从"市场化水平""预算软约束""货币政策改善"和"产业结构升级诱因转变"四个方面探究中国经济波动出现平稳化趋势的原因。具体来说，本书得出如下结论：

　　第一，伴随市场化水平的提高，企业利润目标日益明确，并且政府干预导致企业对产出规模的追求受到限制，从而在一定程度上抑制了企业的投资冲动，使得投资更加理性。本书在建立包含金融加速器机制和市场化因素的 RBC 模型基础上，通过数值模拟方法发现：市场化程度较低下，金融加速器机制放大和传播外生冲击的效果越明显，中国市场化程度的提高减少了政府对企业的干预，并且减轻了金融加速器的放大效果，能够较好地解释经济波动的阶段性变化。市场化能够增强经济的稳定性且有助于解释中国经济波动出现的平稳化。

　　第二，考虑到以国有企业和非国有企业构成的二元微观经济主体的预算约束硬化水平显著提高，促使企业投资行为趋于理性化。有鉴于此，本书在建立包含投资的货币先行约束和金融中介效率因素的新凯恩斯粘性价格模型基础上，通过数值模拟方法发现：预算约束硬化促使企业重视内部现金积累，进而企业投资冲动行为通过实际货币余额积累方式得到抑制；预算约束硬化水平的提高增强了金融中介熨平经济波动的效果。因此，企业预算约束的硬化和金融中介效率的提高有助于增强经济的稳定性，预算约束硬化的显著变化有助于解释中国经济波动出现的平稳化。

　　第三，鉴于中国企业的投资资金主要来源于银行贷款，而贷款往往受到中国人民银行货币政策的直接或间接控制，货币政策调控制度基础和操作工具的改善必然影响到宏观经济波动状况。在理论分析中，货币政策具有实际经济效应的关键原因是价格粘性，而产业结构变动通过部门间价格粘性异质性渠道影响到经济的总体价格粘性程度，进而影响到宏观经济波动状况。本书在构建跨产业的新凯恩斯粘性价格模型基础上，通过数值模拟方法发现：稳定型货币政策通过调节流通中名义货币数量对总需求进行逆周期调节，而产业结构升级通过部门间价格粘性异质性使得经济总体价格粘性程度得到提高，进而增强了货币政策的稳定效应，有助于解释中国经济波动出现的平稳化。

第四，考虑到推动产业结构升级的第一位因素由中间生产结构转变为需求的产业分布，本书构建了包含投入产出结构的新凯恩斯粘性价格模型。由此，模型经济的需求结构和供给结构通过中间生产结构联系在一起，数值模拟显示：中间生产结构转变推动的产业结构升级不能够起到稳定经济的效果，而粗放式经济发展模式造成中间投入率偏高，使得迂回生产过程放大外生冲击效果更为显著，加剧了宏观经济波动；需求结构推动的产业结构升级能够起到稳定经济效果，熨平经济波动；由于投入产出结构决定了不同产业间的技术经济比例关系，使得由部门价格粘性异质性产生的需求转化机制在稳定经济方面效果并不显著。总而言之，产业结构对经济波动的影响取决于影响产业结构升级主导因素的性质，需求结构升级推动的产业结构能够降低外生冲击对经济的影响，在一定程度上增强了经济的稳定性，有助于经济波动出现平稳化。

目　录

图目录

表目录

第一章 引 言

第一节 研究背景及意义

1.1.1 研究背景

经济波动或经济周期作为宏观经济研究的中心主题之一，历来受到学者的重视。自 20 世纪 80 年代中期到 2008 年金融危机，美国主要宏观经济变量的波动标准差显著下降，宏观经济稳定性显著增强，与 30 年代的"大萧条"和 70 年代的"大通胀"形成鲜明对比，学术界将这一时期称为"大稳定"或者"大稳健"（Great Moderation）（Bernanke，2004）。[①] 同样，在大部分经合组织（OECD）国家也出现过类似现象，只是经济波动特征发生改变的时点和波动降幅略有差异（Summers，2005；Ngouana，2013），并且这种现象在 90 年代后蔓延到发展中国家（De Hart，2008）。对于中国而言，改革开放以来，经济实现了年均 GDP 增长率近 10%，经济波动类型由古典型转变为增长型，[②] 经济波动由初期的大起大落向波幅收窄的平稳化转变，特别是 90 年代中期后经济运行日益平稳，如图 1.1 所示。

根据图 1.1 上半部分可知，20 世纪 80 年代和 90 年代初期经济增长经常出现"大起大落"的波动，实际季度 GDP 增长率最大高达 16.8%

---

① 不过，美国金融危机使学者对经济波动的平稳化产生了质疑，如 Carvalho and Gabaix（2013）认为，金融部门会导致美国宏观经济波动增大；Carare and Mody（2012）则认为，经济波动平稳化减弱是由于 20 世纪 90 年代中期后各国间经济日益密切，包括了经济波动较大的新兴经济体。

② 古典经济周期是指经济绝对总量的周期性变动，增长型周期则是指经济增长率的周期性变动且始终为正。

实际季度GDP增长率

实际季度GDP增长率的滚动标准差

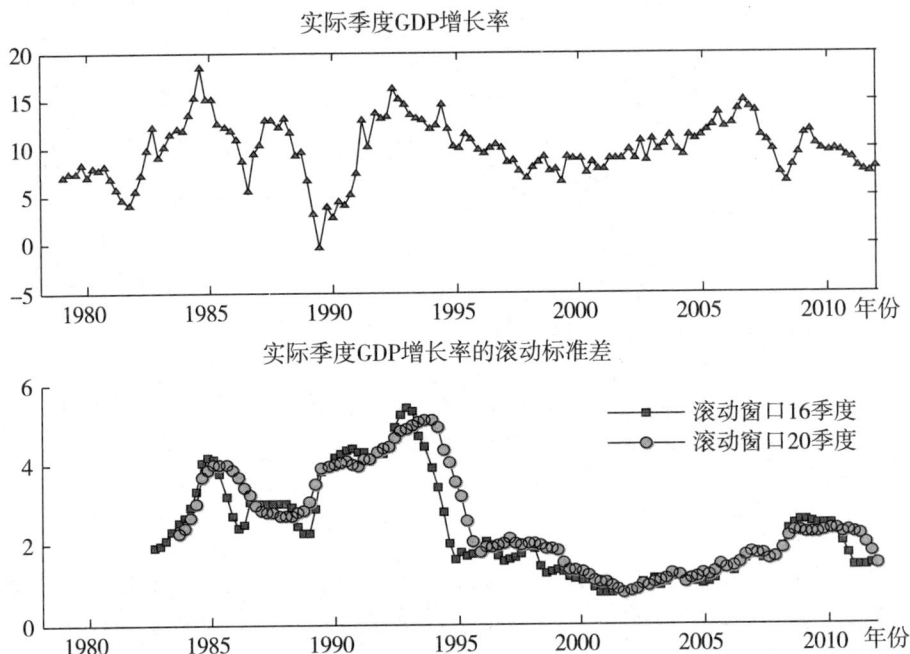

图 1.1　中国 1979 年 Q1 至 2012 年 Q4 的实际季度 GDP 增长率及其滚动标准差

数据来源：根据 Jia（2011）的研究并利用国家统计局数据延长至 2012 年。

（1984Q4），最低接近于零增长（1989Q4）；而在 90 年代中期后，经济波动特征发生明显转变：波动的峰位理性回落，而波动的谷位明显上升，波动幅度明显收窄，经济长波态势明显。虽然 2008 年美国金融危机对中国经济产生了不利影响，经济短期下滑明显，但受到宏观经济政策调控影响，经济较快走出低谷，总体上依然保持平稳、较快的良好增长态势。进一步，采用季度 GDP 增长率的滚动标准差来考察中国经济波动轨迹的演变。①根据图 1.1 下半部分不难发现，二组季度 GDP 增长率的滚动标准差序列具有如下特征：第一，中国经济波动轨迹在 90 年代中期出现明显的波动幅度下降，GDP 增长率的滚动标准差由最初的高达 5% 以上下降到仅为 2% 左右，波动降幅达到 3%，经济波动幅度明显减小；第二，随着滚动窗口长度的延长，GDP 增长率的波

---

① 对于样本长度为 T 的时间序列 $\{g_t\}_{t=1}^{t}$，当滚动窗口固定为 m 期时，第 t 期的滚动标准差定义为从第 $t-m+1$ 到第 t 期的 m 个样本的标准差，由此，得到从第 m 期到第 T 期的滚动标准差序列。

动轨迹平滑性增强,同时波动轨迹整体向右和偏上移动;第三,受 1997 年亚洲金融危机和 2008 年美国金融危机不利冲击影响,经济增长出现一定波动,分别在 2%和 2.5%左右,不过远低于前一阶段的波动幅度,说明宏观经济抵御不利冲击的能力显著增强,能够实现自身的平稳运行。总体而言,经历改革开放三十多年的发展,中国经济波动特征发生明显改变,经济由原来的大起大落进入平稳化增长阶段。

与此同时,不论是从支出结构还是从产业结构来看,GDP 构成均发生显著变化。按照支出法核算的 GDP 由消费、投资、政府支出和净出口四部分构成,进一步根据政府支出性质能够将政府支出分解为政府消费和政府投资两部分,进而分别归结到消费和投资。因此,消费、投资和净出口构成国民经济的三大需求。根据图 1.2 上半部分,GDP 支出结构中投资率呈现波浪式上升趋势,而消费率则持续性下降。[①]其中,投资率是指资本形成总额占 GDP 的份额;消费率是最终消费支出占 GDP 的份额。具体来说,在 1978—1993 年间投资率一直维持在 30%以上,波动态势大致呈现 W 形:从 1978 年的 38.2%较快下降到 1982 年的 31.9%,达到整个样本期的最低水平,之后快速上升到 1985 年的 38.1%,紧接着在随后几年逐步回落,不过 1990 年仍维持在 34.8%,而后又迅速上升至 1993 年的 42.6%;而在 1994—2012 年间投资率进一步提高,一直维持在 35%以上;在 1994—2000 年间,受到国家宏观政策调控和亚洲金融危机影响,投资率出现持续性下降,到 2000 年回落到 35.3%,进入 21 世纪后,开始了长达十多年的上升趋势,到 2011 年高达 48.3%,上升幅度达到 13%,2012 年出现轻微下降。与投资率的上升趋势形成鲜明对比,消费率则呈现下降趋势:虽然在 1978—1981 年间从 62.1%上升至 67.1%,在 1981—1995 年呈现缓慢下降趋势,到 1995 年仅为 58.1%,下降幅度达到 9%,在 1995—2000 年出现小幅提升,上升幅度仅为 4.2%,但进入 21 世纪开始加速下降,到 2010 年仅为 48.2%,下降幅度高达 14.1%,此后两年出现小幅上升。

从产业结构角度来看,中国经济从最初的第一、二产业占主导地位转变为第二、三产业占主导地位,见图 1.2 下半部分所示。具体来说,改革开放初期受家庭联产承包责任制影响,第一产业占 GDP 的份额在 1978—1982 年出现小幅上升,此后呈现持续性下降趋势,到 2012 年仅为 10.1%;第二产业占 GDP 的份额在 1978—1990 年呈现下降趋势,从 1978 年的 47.9%下降为 1990

---

① 考虑到净出口在某些年份为逆差,图 1.2 并没有将其显示出来。

年的 41.3%，下降幅度达到 6.3%，随后逐步回升，到 1997 年达到 47.5%。不过，在 1997—2002 年出现小幅下降，下降幅度为 2.7%，在 2002—2006 年呈现上升趋势，上升幅度为 3.1%，此后开始逐步下降，到 2012 年为 45.3%；第三产业占 GDP 的份额在 1978—1992 年呈现明显上升趋势（除 1979 年和 1990 年出现小幅下降外），从 1978 年的 23.9% 上升至 1992 年的 34.8%，升幅达到 10.9%，此后小幅下降至 1996 年的 32.8%，在 1996—2002 年迅速提升至 41.5%，升幅达到 8.7%，在 2002—2008 年基本上维持在 41% 左右，波动幅度仅为 1% 左右，在 2008—2012 年小幅上升至 44.6%，与第二产业基本持平。

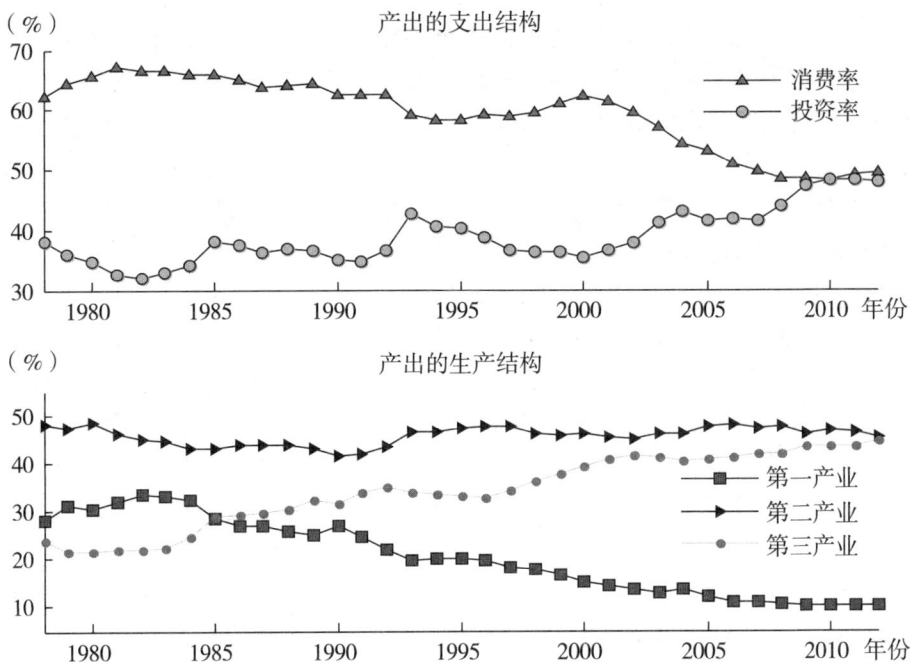

图 1.2　中国 1978—2012 年产出的结构变动

数据来源：根据历年统计年鉴整理得到。

　　根据"冲击-传导机制"的分析框架，当经济未受到随机冲击时，经济会保持在均衡状态，类似于物理学的惯性定律[①]。实际上，各种随机冲击通过特

———————————

　　① 惯性定律是指物体会保持原有的静止状态或匀速直线状态，除非受到外力作用。

定的传导机制作用于各种宏观经济变量，使得经济的均衡状态被打破并总是处于波动当中。显然，GDP 构成的变动必然会影响宏观经济对随机冲击的反映，即传导机制发生改变，进而对宏观经济波动状况产生潜在影响。根据上文分析，GDP 的支出结构中投资率持续上升，而消费率则呈现持续下降趋势。注意到投资具有需求和供给双重效应，其需求效应表现在投资本身构成对生产资料的直接需求，能够弥补消费需求不足问题；而其供给效应则体现在投资促使资本的形成上，资本存量的增加提高了经济生产能力。因此，投资的双重效应以及投资率持续上升表明投资在拉动中国经济高速增长方面起到了举足轻重的作用，[①]而投资波动状况在很大程度上决定了总产出的波动状况（龚刚和林毅夫，2007）。同样，投资率的持续上升表明经济中资本存量不断增加，进而反映了中国的工业化水平的不断提高，而工业化水平的提高则是厂商生产迂回过程深化的必然要求，在产业结构方面表现为经济向迂回程度较高的第二、三次产业转变，正如段先盛（2010）指出的，推动产业结构变动的主导因素在 20 世纪 90 年代中期后发生改变，由中间生产结构转变为需求的产业结构分布。同时，考虑到不同产业部门在价格调整频率、生产技术水平、产品需求弹性、市场结构、定价决策等方面存在明显差异。因此，产业结构的变动同样会影响到随机冲击的传导机制，进而对宏观经济波动状况产生影响。

有鉴于此，在综合考虑产出结构变动和中国经济改革具体历程的基础上，本书将深入探究中国自身经济运行机制改善，即传导机制在增强宏观经济稳定性方面的效果，以期能够更好地解释中国经济波动出现的平稳化。

1.1.2 研究意义

在 2008 年美国发生"大萧条"以来最严重的金融危机发生之前，学者普遍认为，经济波动已经平稳化，经济不会再出现大起大落的情形，甚至有学者认为，经济周期已经消失（Weber，1997）。而金融海啸的发生使得学者深刻认识到，经济周期并没有终结，研究表明，宏观经济政策失误和经济结构不合理需要对此负责（Gali and Luca，2009）。不过，中国经济发展虽然受到美国金融海啸的不利冲击影响，经济增长出现一定波动，但是总体上依然保持着平稳、较快的良好增长势头，使得平稳化趋势得以持续（詹新宇，2014；

---

① 根据《2013 年统计年鉴》，1978—2012 年投资对经济增长的拉动率的均值达到 4.2%，平均贡献率达到 39.4%。

张成思, 2010; 中国经济增长与宏观稳定课题组, 2010)。鉴于中国经济的现实状况和自身特点, 本书就中国经济波动的平稳化展开深入研究, 不仅具有重大理论意义, 而且具有重要的现实意义。

1.1.2.1 理论意义

当今, 宏观经济波动研究的分析框架已由"自维持周期模式"转变为"冲击–传导机制", 前者认为每次经济繁荣孕育着下一次衰退的种子, 同样每次经济衰退也孕育着下一次繁荣的种子, 而后者则认为不同类型和大小的冲击以随机的时间间隔来影响经济, 并通过特定传导机制引起经济波动 (Blanchard and Fischer, 1989)。以冲击–传导机制作为分析框架主要发展出真实经济周期理论和新凯恩斯经济周期理论, 能够较好地解释发达国家尤其美国的经济波动问题, 而在解释中国经济波动问题上往往表现得不是特别令人满意。事实上, 主流的经济波动理论描述的环境与中国实际经济状况相差甚远, 往往忽视了中国经济所具有的特殊性, 如经济体制由高度集中的计划经济向市场经济转变、政府对经济的深度干预、所有制结构的二元化 (国有经济和非国有经济)、金融体系和货币政策尚处于完善之中、产业结构仍然存在深层次矛盾问题等。本书拟在借鉴主流经济波动理论的基础上, 纳入中国经济所具有的特殊因素, 以此分析出中国自身经济运行机制改善在增强宏观经济稳定性方面的效果, 以期能够更好地解释中国经济波动出现的平稳化趋势, 在一定程度上丰富现有经济波动理论, 以加深人们对经济波动的理解和认识。

1.1.2.2 现实意义

一般而言, 宏观经济波动状况决定了微观主体的决策环境, 而微观主体一般被认为是风险厌恶型的。当宏观经济波动剧烈时, 微观经济主体面临较高的决策风险, 不利于其做出跨期消费和投资决策, 降低了消费和投资意愿, 导致经济长期增长绩效下降, 从而降低了整体社会福利水平; 而宏观经济波动减小时, 较小地产出波动使得就业水平更加稳定, 微观经济主体面临的不确定性减少, 更有利于做出跨期消费和投资安排, 提高了经济长期增长绩效, 带来整体社会福利水平的提高。考虑到改革开放至今, 中国经济实现了年均GDP增长率近10%, 并且在当前经济进入新常态时期仍具有8%的经济增长潜力, 在中长期内依然能够实际实现7%～7.5%的增长率, 在未来15～20年仍能够保持充满活力的经济增长态势 (林毅夫, 2015)。此外, 陈彦斌 (2005)指出, 中国经济波动对整个社会福利的影响与经济增长同等重要。因此, 实现经济的平稳化增长对提高整体社会福利水平具有重要现实意义。同样，当前经济正处于后金融危机时代，全球经济面临深刻结构调整和恢复增长压力，中国经济处于打造"升级版"、提高质量和效益的关键时期。本书通过对中国经济波动的平稳化展开系统研究，分析中国自身经济运行机制改善在增强宏观经济稳定性方面的效果，进而对继续保持宏观经济平稳、较快的良好增长态势提供合理的政策建议。

第二节　研究内容与方法

1.2.1　研究内容与篇章结构

按照"冲击-传导机制"的分析框架，宏观经济波动状况依赖于随机冲击和传导机制两种因素。在随机冲击给定的前提下，传导机制能够起到放大或者减弱冲击效果，进而引起相应宏观经济变量的变动；同样，在传导机制给定的前提下，外生冲击的大小决定了宏观经济波动状况。显然，随机冲击强度的减弱能够降低经济波动幅度。①本书主要考虑冲击-传导机制改善对经济波动的影响，即分析中国自身经济运行机制改善在增强宏观经济稳定性方面的效果。本书共八章，具体内容和结构安排如下：

第一章，引言。本章主要概要性地介绍本书的研究背景、研究目的和意义、研究内容和方法、可能的创新点与不足之处。

第二章，中国经济波动特征。本章共分为两部分：第一部分总结改革开放以来中国经济波动的特征事实；第二部分则进一步采取滚动标准差、瞬时标准差衡量产出增长率的波动性，并通过未知结构突变点检验方法确定中国经济波动特征在1994年发生结构性转变，经济波动出现平稳化趋势，进而将整个本期划分为两个阶段：1978—1993年的增量改革时期，1994—2012年的全面改革时期。

第三章，相关文献综述与方法介绍。本章共分为三部分：第一部分对国内外学者关于经济波动平稳化的主要解释进行文献综述；第二部分则对本书

---

①　胡乃武和孙稳存（2008）细致研究了不同性质冲击减弱对中国经济波动出现的平稳化影响，这里不再赘述。

使用的主要方法，即动态随机一般均衡方法进行梳理和回顾，为第四至七章的理论模型奠定方法论上的准备；鉴于本书主要采用动态随机一般均衡方法作为基本分析工具，第三部分则对国内学者利用上述方法的研究现状进行文献综述，为下文理论模型扩展奠定研究基础。

第四章，市场化与中国经济波动的平稳化。针对第二章分析指出投资通过影响资本存量进而带动产出的波动，是影响经济波动的主要需求因素。同时，中国经济体制逐步由计划经济向市场经济转变，政府干预导致企业偏离利润目标并追求产出规模，进而导致企业投资冲动。本章首先对市场化、政府干预与宏观经济波动的联系进行理论分析，指出市场化降低了政府干预导致企业对产出规模的追求，并促使企业利润目标日益明确，由此企业投资日益趋于理性化，进而市场化水平提高，降低了投资通过金融加速器渠道对产出的影响，增强了宏观经济稳定性；其次，通过将企业目标描述为利润和规模加权平均，进而将市场化指标和金融加速因素纳入基本的 RBC 模型中；最后，在对模型基本参数校准赋值的基础上，通过数值模拟研究发现：在市场化程度较低下，金融加速器机制放大和传播外生冲击的效果越明显，中国市场化程度的提高减少了政府对企业的干预，并减轻了金融加速器的放大效果，能够较好地解释经济波动的阶段性变化，促使经济波动日益呈现出市场型特性，由此有助于经济波动出现平稳化趋势。

第五章，预算软约束与中国经济波动的平稳化。鉴于中国以公有制为主体多种所有制经济共同发展的基本经济制度决定了微观投资主体的二元化：国有企业和非国有企业。相对于天然具有预算硬约束的非国有企业，国有企业因国有产权或"政策性负担"具有明显的预算软约束。预算软约束使得国有企业普遍具有投资饥渴症状，导致整体投资效率低下，降低了市场机制配置资源的效率。本章首先对企业预算约束硬化、金融中介效率与宏观经济波动的联系进行了理论分析指出，伴随着国有企业改革和金融中介效率的提高，国有企业获取廉价的金融资源日益困难，金融中介的功能得以正常发挥，促使企业投资日益注重经济效益，由此带来投资效率的提高，从而投资冲动得到遏制，最终降低了产出波动。其次，通过引入社会总投资的货币先行约束，即 $C_t + \eta I_t \leq M_t/P_t$，将参数 η 作为衡量社会总投资受预算硬化约束的程度指标，同时将金融中介效率因素纳入到新凯恩斯粘性价格模型。最后，在对模型基本参数校准赋值的基础上，通过数值模拟研究发现：预算约束硬化促使企业重视内部现金积累，进而企业投资冲动行为通过实际货币余额积累方式得到抑制；预算约束硬化水平的提高增强了金融中介降低经济波动的效果，促使经济波动出现平稳化趋势。

第六章，货币政策与中国经济波动的平稳化。在第四章和第五章的分析中，不论是由于政府干预还是由于预算软约束导致的企业投资冲动行为，其背后必然有充足的金融资源支持，否则无法支撑投资的高增长。考虑到中国企业投资资金主要源于银行贷款，而银行信贷往往受到中国人民银行货币政策的直接控制，而货币政策在目标、操作工具和传导机制等方面获得极大改善，货币政策日益具有前瞻性和针对性，能够采取灵活多样的操作工具对经济进行逆周期调节，进而增强了宏观经济稳定性。本章首先对货币政策、产业结构和宏观经济波动的联系进行理论分析，指出产业结构通过部门间价格粘性异质性渠道影响总体价格粘性程度，而理论中货币政策短期非中性的关键因素在于价格粘性。因此，产业结构升级带来经济总体价格粘性程度的提高使得货币政策通过调节流通中名义货币数量的实际需求效应更显著，增强了货币政策稳定经济的效应，提高经济抵御不利冲击的能力。其次，为了在动态随机一般均衡框架内探讨产业结构和货币政策对中国经济波动的平稳化趋势影响，构建了跨产业新凯恩斯粘性价格模型，其中，不同产业部门间仅存在价格调整频率的差异。最后，在对模型基本参数校准赋值的基础上，通过数值模拟研究发现：在外生的货币供给规则下，产业结构升级加剧了经济波动，在一定程度上为在增量改革时期处于被动地位的货币政策和产业结构二者相互作用导致经济大起大落提供了一定理论佐证；而在稳定型的麦卡勒姆货币供给规则下，产业结构升级增强了货币政策的稳定效应，进而提高了经济抵御不利冲击能力，说明在全面改革时期，稳定型货币政策和产业结构升级有利于中国经济波动的平稳化，能够熨平经济波动。

第七章，产业结构升级诱因与中国经济波动的平稳化。在第六章中，不同产业部门间仅存在价格调整频率的差异，而价格调整频率差异是一种名义性差异。事实上，不同产业间存在着密切的投入产出联系，并且推动产业结构升级的主导因素在 20 世纪 90 年代中期后由中间生产结构转向需求的产业结构分布（段先盛，2010）。本章首先分析了产业结构升级诱因转变对外生冲击传导机制的影响，指出当需求成为影响产业结构升级的重要因素时，迂回生产，即中间生产结构推动的产业结构升级作用减弱，进而迂回生产放大外生冲击的效果受到抑制，而需求结构通过中间生产结构进而带动相关服务产业发展的作用日益凸显，减弱了外生冲击对经济的影响。其次，为了使理论模型既能够反映经济的供给状况，又能够反映经济的需求状况，并且需求和供给通过中间生产结构联系在一起，本章将投入产出结构因素纳入跨产业的新凯恩斯粘性价格模型中。最后，在对模型基本参数校准赋值的基础上，通过数值模拟研究发现：中间生产结构转变推动的产业结构升级不能够起到稳定经济的效果，粗放式经济发展模式造成中间投入率偏高，进一步放大了外生冲击效果，加剧了宏观经济波动；需求结构升级推动的产业结构升级能够起到稳定经济效果，熨平经济波动；由于投入产出结构决定了不同产业间的技术经济关系，使得由价格粘性异质性产生的需求转化机制产生的稳定经济效果并不显著。总而言之，需求结构推动的产业结构升级能够起到稳定经济效果，进而促使经济波动出现平稳化趋势。

第八章，总结与研究前瞻。根据前文的理论分析，总结本研究的主要结论，并进一步指出未来可能的研究方向。

1.2.2　研究方法

本书主要采取动态随机一般均衡（Dynamic Stochastic General Equilibrium，以下简称 DSGE）模型作为分析中国经济波动的平稳化趋势的基本工具，在对基本的 DSGE 模型修正以考虑"中国经济的特殊因素"基础上，通过数值模拟分析和脉冲响应分析来考察中国自身经济运行机制改善对经济波动的影响。此外，本书在主要模型构建章节中，均采取历史分析、逻辑分析与归纳推理相结合的方法，具体体现：在第四至七章中就所关注的因素进行历史回顾，并从事实资料中进行归纳总结，演绎推理出相关因素与中国经济波动的平稳化二者间的具体理论机制。

本书主要采用 DYNARE 软件[①]完成理论模型的数值模拟，减轻了编程任务量。DYNARE 软件由法国 Juillard 领导的团队开发，并不断对软件进行日常维护和更新，使软件功能日益完善，允许研究者编写与模型的结构方程组基本相似的代码，并自动编译为 MATLAB 能够识别的语言，进而完成模型的求解或者估计工作，节省了研究者编程时间，是一种简便高效的模型求解软件。

---

① 关于 DYNARE 软件的具体介绍可以参考 Adjemian et, al.（2011），也可通过 DYANRE 官方网站和论坛来解决模型构建过程中遇到的问题，具体网址分别为：http：// www.dynare.org/；http：// dynare.org/phpBB3/。

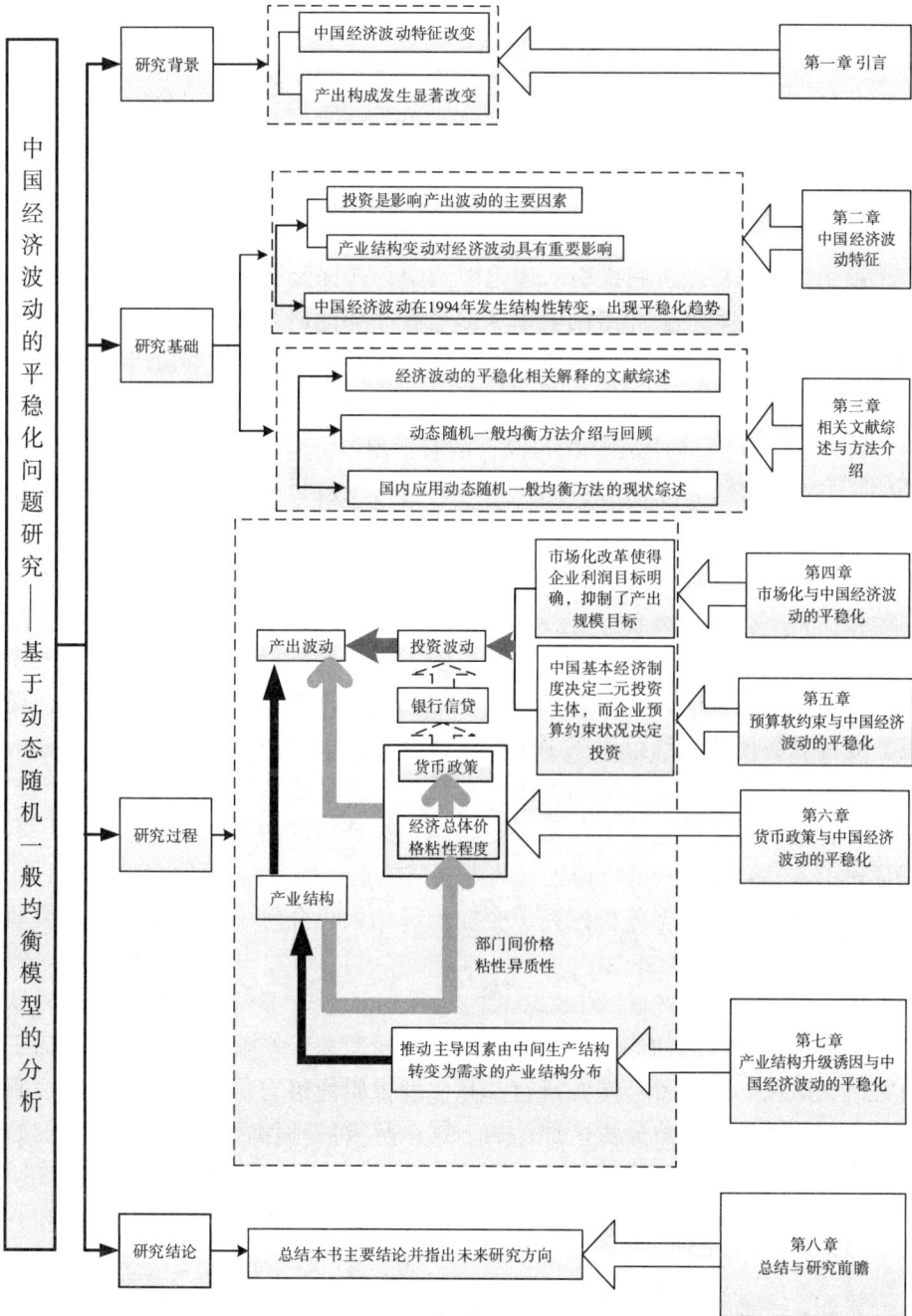

图1.3 本书的研究框架结构

第三节 可能的创新点与不足之处

1.3.1 可能的创新点

第一，本书将经济制度引入理论模型中，并探究了不同市场化水平下金融加速器机制放大外生冲击的效果。据笔者已知的研究文献，国内外研究将经济制度因素引入到 DSGE 模型中的较少，而中国市场化改革是市场机制逐步在资源配置起到决定性作用和政府向资源配置的监管者转变的过程（洪银兴，2014）。伴随市场化水平的提高，政府干预经济减弱，企业利润目标日益明确。本书通过将企业生产目标描述为利润与规模目标的加权平均，以企业赋予利润的权重作为刻画市场化水平的指标。进一步，通过引入金融加速器机制对外生冲击通过投资传导并放大并引起产出波动的具体作用机制做了细致分析。

第二，本书将企业预算软约束因素引入理论模型中，并探究了不同预算软约束状况下金融中介效率对经济波动的影响。据笔者已知的研究文献，现有研究鲜有将预算软约束引入 DSGE 模型中的，缺少在一般均衡框架下分析预算约束硬化影响企业投资的作用机制分析。当企业预算软约束状况相当严重时，企业从经营现金流中积累现金来满足投资需求的激励会严重不足。本书通过引入社会总投资的货币先行约束来刻画企业预算约束硬化水平的高低。进一步，通过脉冲响应分析探究了企业预算约束、金融中介效率与经济波动三者之间的相互关系。

第三，本书在跨产业的 DSGE 模型中探讨了产业部门间价格粘性异质性对中国货币传导机制的影响，进而探讨了货币政策、产业结构和经济波动三者之间的联系。据笔者已知的研究文献，现有研究鲜有从产业结构引起经济总体价格粘性改变视角分析产业结构、货币政策对不同性质外出冲击影响的差异，进而探究不同货币政策稳定经济的差异。本书建立跨产业的新凯恩斯粘性价格模型，细致分析了产业部门间价格粘性异质性对外生冲击传导和货币政策实际效应影响的差异性。

第四，本书将投入产出结构纳入跨产业的新凯恩斯粘性价格模型中，将经济的供给状况和需求状况通过中间生产结构联系在一起，进而探究了产业结构升级诱因转变对经济波动的影响。据笔者已知的研究文献，国内研究将经济波动的平稳化与产业结构二者结合起来的研究主要基于时间序列模型的传统研究范式，缺少从产业结构升级诱因转变视角考察产业结构对经济波动影响的分析。本书通过数值模拟考察了中间生产结构变动、需求转化机制和需求结构变动对中国经济波动的影响。

1.3.2 不足之处

本书在基本的 DSGE 模型中纳入中国经济所特有的影响因素，进而解释中国经济波动出现的平稳化。不过为了模型构建方便，本书采取较为简洁的代理变量作为相应因素的反映，是否有更为符合中国现实经济事实的模型构建方式，这里暂未进一步考虑。此外，受到目前掌握的数值求解方法和编程能力的限制，笔者在分析过程中主要使用 DYNARE 软件实现模拟分析，导致笔者想法始终受到软件求解能力约束。上述不足之处也是笔者未来进一步努力的方向。

第二章　中国经济波动特征

本章主要包括两部分：第一部分采取 HP 滤波（Hodrick–Prescott filter）技术得到主要宏观经济变量的波动成分，进而总结改革开放以来中国经济波动的特征事实，为下文进一步研究奠定经济事实基础；第二部分则进一步采取滚动标准差、瞬时标准差衡量产出增长率的波动性，并通过未知结构突变点检验方法确定中国经济波动特征在 1994 年发生的结构性转变，经济波动出现平稳化趋势，从而将整个本期划分为两个阶段：1978—1993 年的增量改革时期，1994—2012 年的全面改革时期。

第一节　特征事实分析

2.1.1　数据来源与处理

本节主要总结改革开放来中国经济波动的特征事实。为保证处理结果的真实可信性，需要详细介绍主要经济变量的数据来源和处理方法。其中，总产出、消费、投资、就业人数 1、进出口、居民消费物价指数、GDP 折减指数、三次产业产出均来自《新中国六十年统计资料汇编》和《中国统计年鉴2013》；就业人数 2 和资本存量数据则根据现有学者研究整理得到。其中，样本期为 1978—2012 年。

（1）总产出。利用国内生产总值指数将当期价格衡量的国内生产总值转化为以 1978 年为基期的实际产出序列。

（2）消费。消费主要涉及居民消费、政府消费和最终消费三种类别数据。其中，最终消费由居民消费和政府消费两部分构成。在此，通过居民消费价格指数将三种类别的消费数据折减成以 1978 年为基期的实际消费序列。考虑到国家统计局自 1985 年开始公布居民消费价格指数，对于 1985 年之前的数据采用商品零售价格指数代替。

（3）投资。投资主要涉及资本形成总额、固定资本形成总额和存货变动三种类别数据。其中，资本形成总额由固定资本形成总额和存活变动两部分构成。这里，通过固定投资价格指数对三种类别的投资数据进行平减，转化成以 1978 年为基期的实际投资序列。国家统计局自 1991 年开始公布固定投资价格指数，对于 1991 年之前的数据用隐含的固定资本形成价格平减指数替代。[①]其中，隐含的固定资本形成价格平减指数根据当年价格计算的固定资本形成总额和固定资本形成总指数得到，具体计算公式为：

$$\frac{\text{固定资本形成}}{\text{价格平减指数}} = \frac{\text{当期固定资本形成总额（当年价格）}}{\substack{\text{当期固定资本形成总值指数} \\ \text{（上一年=100）}} \times \substack{\text{上一年固定资本形成总额} \\ \text{（当年价格）}}}$$

（4）就业和实际工资。鉴于国家统计局没有公布劳动时间的具体数据，研究中学者普遍采用就业人数作为代替。不过，国家统计局使用的就业人数统计方法在 1990 年前后发生较大变动：在 1990 年之前就业人数是根据城镇单位劳动统计、城镇私营企业就业和个体劳动统计以及乡村就业人员统计（简称"三合一"统计）汇总得到的，而在 1990 年之后就业人数则根据人口普查结果得到（岳希明，2005）。就业人数统计方法的改变人为造成公布的就业人数在 1990 年出现较大变动。因此，本书采用两种就业人数衡量指标。其中，就业人数 1 直接来源于国家统计局公布的数据，而就业人数 2 在 1990 年之前采用王小鲁和樊纲（2000）公布的数据，1990 年后的数据则采用官方数据。对于实际工资，本书采用全国职工平均工资作为代替，并利用平均实际工资指数转化为实际工资序列。

（5）资本存量。由于国家统计局没有公布资本存量数据，学者普遍采用永续盘存法（简称 PIM）对中国资本存量进行估计，如 Young（2003）、孙琳琳和任若恩（2005）的研究。不过，上述研究忽视了 PIM 方法要求的变量选择的前后一致性。单豪杰（2008）则注意到上述问题，在遵循 PIM 方法要求的内在一致性基础上，选择基期资本存量和折旧率并利用最新统计资料对生产性资本存量进行重新估计。有鉴于此，本书采用单豪杰估计的资本存量数

---

① 张军等（2004）和李宾（2012）指出，在各种可替代的投资价格平减指数中，利用隐含的固定资本形成价格平减指数对各期的投资数据进行平减被认为是最佳的。

据并扩展到 2012 年。此外，考虑到单豪杰的资本存量数据是以 1952 年为基期，利用固定投资价格指数将其转化以 1978 年基期的实际资本存量序列。

（6）进出口和三次产业产出。上述几组数据均采取 GDP 折减指数转化为以 1978 年为基期的实际数据序列。

2.1.2　波动成分分离

DSGE 模型将经济的长期趋势和短期波动完美地纳入统一框架下进行分析。具体来说，经济的长期趋势通过模型经济未受到任何外生冲击的稳态来描述。此时，经济处于平衡增长路径上，即主要的宏观经济变量保持相同的增长率；而经济波动则描述为模型经济遭受到外生冲击而持续性偏离其平衡增长路径，而后又调整到平衡增长路径的过程。通常，现实经济数据具有趋势成分，因此要使模型模拟的经济变量的理论波动成分与实际数据的波动成分相对应起来，需要对实际数据进行去趋势处理。其中，HP 滤波由 Hodrick 和 Prescott 最早于 1981 年提出并于 1997 年正式发表。该滤波方法经受住各种考验，得到广泛使用。具体来说，HP 滤波假设时间序列 y_t 由趋势成分 g_t 和波动成分 c_t 两部分构成：$y_t = g_t + c_t$。HP 滤波是通过选择趋势项 g_t 使得下式最小化：

$$\min\left\{\sum_{t=0}^{T}(y_t - g_t)^2 + \lambda\sum_{t=2}^{T-1}\left[(g_{t+1} - g_t) - (g_t - g_{t-1})\right]^2\right\}$$

其中，T 表示样本容量，λ 表示平滑参数。当参数 λ 取值越大，趋势项 g_t 的平滑程度越高；当参数 $\lambda \rightarrow \infty$ 时，趋势项 g_t 的平滑度最大，为线性形式；当参数 $\lambda = 0$ 时，平滑度没有任何作用，y_t 仅受到趋势项 g_t 影响。一般来说，对于年度数据来说，参数 λ 取值为 100；对于季度数据来说，参数 λ 取值为 1600；对于月度数据来说，参数 λ 取值为 14400。鉴于本节使用年度数据，设定参数 λ 为 100。

2.1.3　特征事实

根据图 2.1、表 2.1 和表 2.2，不难得到以下五点经济波动特征事实：

第一，就消费而言，首先，消费的波动性均大于产出的波动性。其中，最终消费、居民消费和政府消费的波动标准差分别是产出波动标准差的 1.120 倍、1.119 倍和 1.756 倍。其次，三类消费表现的顺周期性存在一定差异：最终消费和居民消费与同期产出的相关系数分别达到 0.607 和 0.684，表现出较强的顺周期性；而政府消费与同期产出的相关系数为 0.210，表现出相对较弱的顺周期性。这与陈师（2009）、陈晓光和张宇麟（2010）以及屠俊明（2012）的研究相一致。

第二，就投资和资本而言，首先，投资的波动性远大于产出的波动性，资本形成总额、固定资本形成总额和存货变动的波动标准差分别是产出波动标准差的 2.309 倍、2.354 倍和 22.030 倍，说明投资是影响产出波动的重要因素。其次，三类投资表现出的顺周期性存在一定差异：资本形成总额、固定资本形成总额表现出较强的顺周期性，与产出的同期相关系数分别为 0.858 和 0.854；而存货投资表现出较弱的顺周期性，与产出的同期相关系数仅为 0.399。因此，固定资本形成总额是影响产出波动的重要因素，而存货投资可能不是影响产出波动的重要因素。此外，资本存量的波动性也大于产出波动性，是产出波动标准差的 1.113 倍，说明投资的高度波动性带动资本存量波动的提高，使得资本存量的波动性大于产出波动性，并最终引起产出波动。此外，资本存量与产出的同期相关系数仅有 -0.053，符合同类文献的结论，如陈师（2009）。

第三，当以就业人数衡量劳动投入时，若以国家统计局公布的就业人数，就业波动标准差大约为产出波动标准差的 66.2%；而根据王小鲁和樊纲（2000）对 1990 年以前的就业人数的调整，就业波动仅为产出波动的 18.0%，而实际工资的波动性为产出波动的 1.293 倍。[①]此外，上述两组就业人数数据得到的就业与产出的同期相关系数存在一定差异，前者为 -0.515，表现出较强的逆周期性，而后者为 -0.222，表现出较弱的逆周期性。[②]

第四，就三次产业产出而言，首先，三次产业产出的波动性均大于总产出的波动性，分别为产出波动标准差的 1.367 倍、1.592 倍和 1.8836 倍，说明产业间存在特定的缓冲机能能够减轻部门波动对总产出波动的影响。其次，三次产业表现出的顺周期性存在一定差异：第二产业的顺周期性最强，与总

---

① 统计数据显示中国就业的波动性明显小于产出，而实际工资的波动性则大于产出。这与一些经典研究结论相反，如 Lucas and Rapping（1969）、Mankiw（1989）等发现：就业的波动要大于产出波动，而工资的波动较小。造成中国数据显示上述特征事实的原因可能是由于：a. 中国统计口径与其他国家不一致，统计质量较差；b. 改革过程中，国有企业改革相对滞后，行政性干预等因素造成。

② 注意到总就业表现出的逆周期违背基本的经济学理论，徐高（2008）认为这很可能由于我国统计数据的低质量造成的。

产出的相关系数高达 0.924；第三产业与产出的相关系数为 0.621，同样具有较强的顺周期性；而第一产业则表现出较弱的顺周期性，仅为 0.208。因此，第二、三产业与总产出波动状况密切相关，产业结构的变动会对宏观经济波动产生重要影响。

第五，当以 1994 年为样本分界点时，GDP 平减指数、CPI 在第二阶段的波动幅度并没有下降，这是由于不同经济变量的波动特征发生改变的时点存在一定差异。借鉴张成思和刘志刚（2007）的研究，当以 1996 年为界时，则两种类型的物价指数同样呈现出明显的波动下降，如图 2.1 所示。此外，除资本存量、存货投资、进出口外，其余宏观变量在第二阶段的波动幅度显著下降，说明中国经济稳定性日益增强，出现平稳化趋势。

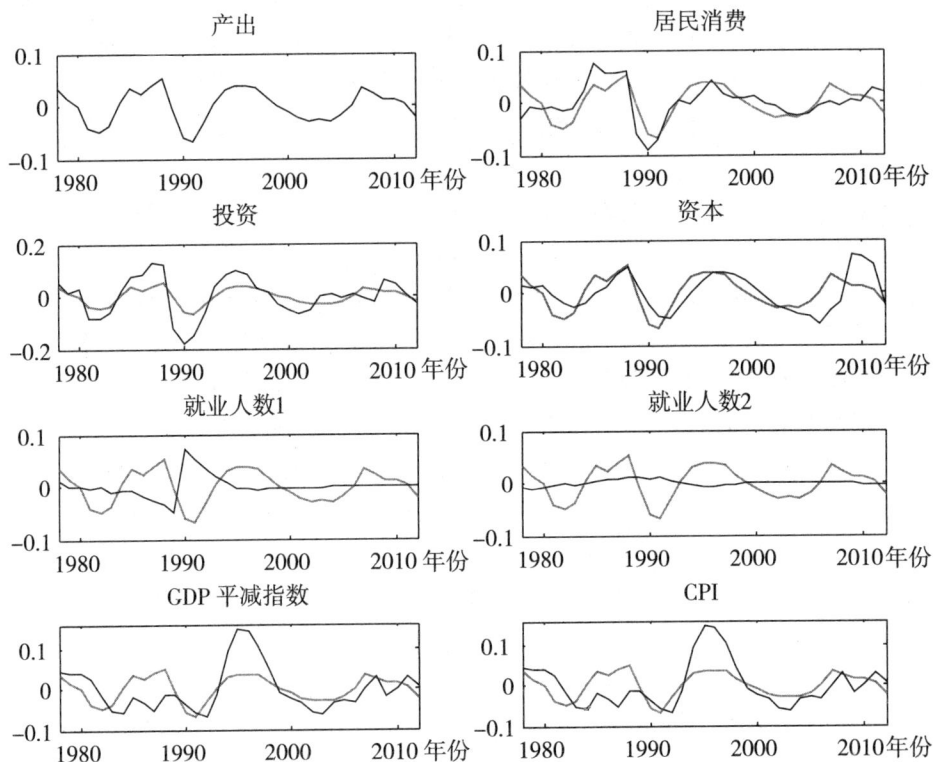

图 2.1　主要宏观经济变量 HP 率波得到的周期波动成分时序图

注：图中虚线表示产出波动序列。

表 2.1 1978—2012 年中国经济的周期波动特征

变量	标准差	相对产出的标准差	变量交叉相关系数 corr($x(t+j), y(t)$)										
			-5	-4	-3	-2	-1	0	1	2	3	4	5
产出	0.0311	1.000	-0.672	-0.603	-0.327	0.146	0.693	1.000	0.693	0.146	-0.327	-0.603	-0.672
最终消费	0.0348	1.120	-0.560	-0.369	-0.016	0.365	0.662	0.607	0.230	-0.206	-0.395	-0.413	-0.307
居民消费	0.0348	1.119	-0.613	-0.455	-0.132	0.265	0.618	0.684	0.386	-0.020	-0.262	-0.420	-0.453
政府消费	0.0546	1.756	-0.246	-0.046	0.249	0.454	0.513	0.210	-0.188	-0.520	-0.529	-0.245	0.115
资本存量	0.0346	1.113	-0.391	-0.528	-0.545	-0.294	0.136	0.592	0.748	0.663	0.335	-0.103	-0.472
资本形成总额	0.0718	2.309	-0.570	-0.452	-0.179	0.204	0.604	0.858	0.645	0.136	-0.403	-0.738	-0.735
固定资本形成	0.0732	2.354	-0.566	-0.445	-0.181	0.302	0.756	0.854	0.443	-0.036	-0.459	-0.696	-0.648
存货变动	0.6842	22.030	-0.521	-0.423	-0.154	0.188	0.471	0.399	0.184	0.125	0.079	-0.107	-0.208
出口	0.1157	3.720	-0.444	-0.568	-0.372	-0.217	-0.100	0.116	0.271	0.337	0.307	0.105	-0.018
进口	0.1447	4.653	-0.319	-0.110	0.218	0.348	0.404	0.379	0.068	-0.376	-0.638	-0.692	-0.373
第一产业	0.0425	1.367	-0.162	-0.051	0.060	0.078	0.169	0.208	0.329	0.336	0.163	-0.130	-0.380
第二产业	0.0495	1.592	-0.530	-0.472	-0.234	0.202	0.670	0.924	0.623	0.080	-0.392	-0.648	-0.688
第三产业	0.0571	1.836	-0.592	-0.590	-0.387	-0.029	0.355	0.621	0.379	0.037	-0.178	-0.233	-0.186
就业人数 1	0.0206	0.662	0.294	0.396	0.370	0.176	-0.212	-0.515	-0.508	-0.156	0.085	0.215	0.399
就业人数 2	0.0056	0.180	0.098	0.029	-0.038	-0.166	-0.236	-0.222	-0.140	0.041	0.203	0.224	0.110
GDP 折减指数	0.056	1.801	-0.523	-0.393	-0.057	0.324	0.591	0.551	0.272	0.057	-0.104	-0.256	-0.295
CPI	0.0633	2.035	-0.152	-0.231	-0.247	-0.199	-0.007	0.383	0.620	0.512	0.193	-0.155	-0.405
实际工资	0.0402	1.293	-0.210	-0.095	0.081	0.302	0.431	0.319	-0.007	-0.321	-0.638	-0.665	-0.334

表 2.2 中国经济的周期波动阶段特征比较

变量	1978—1993 年				1994—2012 年				波动下降幅度(%)
	标准差	相对产出的标准差	与产出相关系数	一阶自相关系数	标准差	相对于产出的标准差	与产出相关系数	一阶自相关系数	
产出	0.0379	1.000	1.000	0.628	0.0242	1.000	1.000	0.779	36.15
最终消费	0.0495	1.306	0.665	0.608	0.0155	0.640	0.489	0.603	68.69
居民消费	0.0487	1.285	0.744	0.639	0.0174	0.719	0.548	0.647	64.27
政府消费	0.0737	1.945	0.279	0.449	0.0334	1.380	0.033	0.203	54.68
资本存量	0.0276	0.728	0.781	0.724	0.0401	1.657	0.507	0.680	-45.29
资本形成总额	0.0819	2.161	0.938	0.621	0.0635	2.624	0.729	0.743	22.47
固定资本形成	0.0948	2.501	0.916	0.588	0.0490	2.025	0.701	0.668	48.31
存货变动	0.2358	6.222	0.169	0.360	0.3300	13.636	0.679	0.471	-39.95
出口	0.0775	2.045	-0.166	0.086	0.1423	5.880	0.336	0.609	-83.61
进口	0.1481	3.908	0.668	0.526	0.1457	6.021	0.031	0.597	1.62
第一产业	0.0460	1.214	-0.080	0.317	0.0400	1.653	0.607	0.582	13.04
第二产业	0.0554	1.462	0.912	0.532	0.0435	1.798	0.953	0.752	21.48
第三产业	0.0829	2.187	0.789	0.533	0.0204	0.843	0.066	0.483	75.39
就业人数 1	0.0308	0.813	-0.624	0.397	0.0028	0.116	0.008	0.342	90.91
就业人数 2	0.0073	0.193	-0.020	0.797	0.0029	0.120	-0.752	0.852	60.27
GDP 折减指数	0.0382	1.008	0.312	0.647	0.0635	2.624	0.826	0.827	-66.22
CPI	0.0559	1.475	0.030	0.606	0.0645	2.665	0.762	0.863	-15.38
实际工资	0.0433	1.142	0.625	0.466	0.0383	1.583	-0.079	0.735	11.55

通过上述中国经济波动特征分析，不难发现中国经济运行日益平稳，经济波动由以"峰长谷短"为特征的"高位波动"向"波幅收窄"的平稳化转变。从需求角度来看，投资是影响产出波动的主要因素，并通过影响资本存量进而带动产出的波动；从产业角度来看，第二、三产业与总产出波动的关系最为密切，产业结构的变动会对宏观经济波动产生重要影响。

第二节 产出波动的平稳化分析

根据本章第一节分析，自 20 世纪 90 年代中期后中国经济波动特征发生转变，出现平稳化趋势。不过，上述研究并没有对中国经济波动特征发生转变的具体时点进行识别。本节分别以滚动标准差和瞬时标准差来衡量产出增长率的波动性，并通过未知结构突变点检验方法来确定中国经济波动特征发生改变的确切时点，从而为下文研究奠定基础。其中，产出增长率为季度性数据，来源于 Jia（2011）的研究，并延长到 2012 年。

2.2.1 产出波动特征的描述

为了获得稳健结果，本节分别以滚动标准差和瞬时标准差来衡量产出增长率的波动性。其中，滚动标准差是一种条件方差，可以用来描述样本时间序列波动轨迹的演变，能够较好体现经济波动的短期特征。具体来说，对于样本长度为 T 的时间序列 $\{g_t\}_{t=1}^{T}$，当滚动窗口固定为 m 期时，第 t 期的滚动标准差定义为从第 $t-m+1$ 到第 t 期的 m 个样本的标准差，进而得到从第 m 期到第 T 期的滚动标准差序列。一般来说，滚动窗口的长度 m 没有固定的标准，当 m 的取值越大时，样本数据的滚动标准差序列的平滑性越高。而瞬时标准差则是由 McConnell and Perez-Quiros（2000）提出的一种衡量周期性波动的方法。具体来说，假设 GDP 增长率服从 AR（1）过程：$\Delta y_t = \mu + \varphi \Delta y_{t-1} + \varepsilon_t$，当 ε_t 服从正态分布 $N(0, \sigma^2)$ 时，残差 ε_t 的标准差 σ 的无偏估计为 $\sqrt{\pi/2}\,|\hat{\varepsilon}_t|$。因此，第 t 期产出 y_t 的瞬时波动可以用 $\sqrt{\pi/2}\,|\hat{\varepsilon}_t|$ 衡量。

本节首先采用季度 GDP 增长率的滚动标准差来考察产出波动轨迹的演变。考虑到滚动窗口长度参数 m 取值没有固定标准，例如 Blanchard and Simon（2001）采用五年滚动窗口，而刘金全和刘志刚（2005）则采用三年滚动窗口。本节将滚动窗口长度设定为三年、四年和五年，由此得到滚动标准差序列，具体见 1.1.1 节分析。

其次，通过对 1979Q1 到 2012Q4 的季度实际 GDP 增长率进行一阶自回归得到每期的残差项 $\hat{\varepsilon}_t$，进而计算得到每期的季度瞬时标准差 $\sqrt{\pi/2}\,|\hat{\varepsilon}_t|$，如图 2.2 所示。根据图 2.2 给出的中国季度 GDP 增长率的瞬时标准差，不难发现中国经济在 1993 年之前的季度瞬时波动性较大，不少季度波动幅度在 3% 左右，最高达到 6.54%（1991Q3），在该子样本时期内的季度瞬时标准差的均值高达 1.98%；而在 1993 年之后，绝大多数的季度的瞬时波动在 1% 以下，虽然有些季度受到不利因素影响，最高也仅为 3.13%（2008Q4），总体来说经济稳定性明显增强，同时在该子样本期内的季度瞬时标准差的均值仅为 1.08%，降幅达到 45.7%。

总而言之，不论是从滚动标准还是瞬时标准差衡量中国经济波动状况，二者均显示中国经济波动幅度确实存在明显下降，经济运行日益平稳。

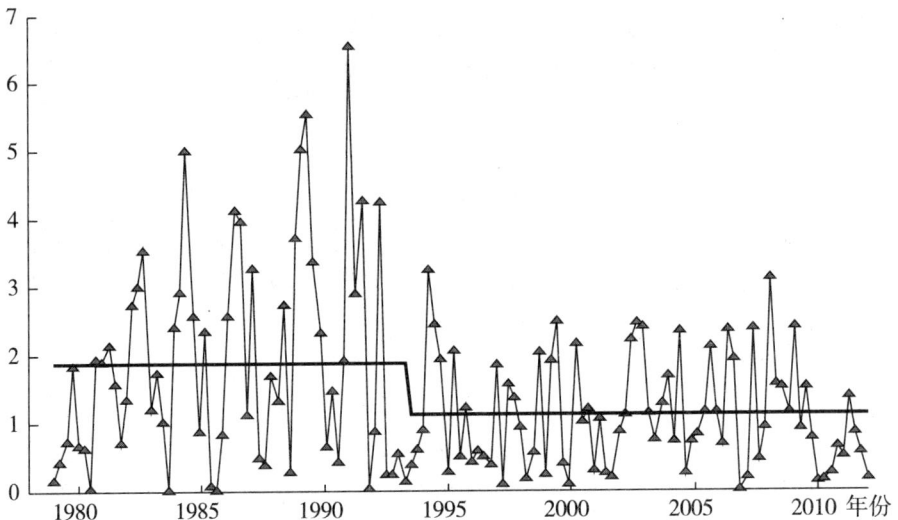

图 2.2　中国季度 GDP 增长率的瞬时标准差

2.2.2　产出波动的断点识别

鉴于滚动标准差是一种条件方差，衡量了固定长度时间序列的标准差，体现了数据的历史波动性且涉及一定样本区间。因此，本小节首先通过产出的滚动标准差序列确定经济波动特征发生转变的时间区间；其次，利用季度瞬时标准差序列确定经济波动特征发生的具体时点。本小节采用未知结构突变点检验方法确定相应序列发生结构突变性的时点，该方法不需要事先确定序列发生结构性突变的具体时点，而是依据相应统计量确定具体时点。

1. 未知结构突变点检验模型设定

计量经济学中用于检验参数是否发生结构性突变的经典检验是由 Chow（1960）提出的邹突变点检验，其基本思想是根据已知的突变发生时点将整个样本划分为两个或两个以上子样本，并利用子样本分别对约束回归模型和非约束回归模型进行回归估计，进而利用相应残差平方和得到用于检验的 F-统计量和 LR-统计量。然而现实经济中经济变量发生结构性突变的时点往往是由其内部因素决定的，很难事先确定。不过，内生突变点检验方法可以解决上述问题。

当时间序列发生结构性突变的时点是未知时，经典的突变点检验方法会产生冗余参数（nuisance parameter）问题，即突变点检验过程中，原假设中不存在结构突变，而备择假设中出现一个作为结构突变时点的待估参数，使得用于检验结构突变时点的经典统计变量（LM、LR 和 Wald 统计量）不再具有标准的渐进性质。不过，Andrews（1993）和 Andrews and Ploberger（1994）提出了存在冗余参数的检验方法，其基本思想是假设样本容量为 T，给定未知结构突变时点参数的取值范围 $[\tau_1 T,\ \tau_2 T]$，一般设定 $\tau_1 = 0.15$、$\tau_2 = 0.85$，即参数取值范围为样本的中间 70% 范围，然后在该取值范围内对所有可能的突变时点进行邹突变点检验，得到相应统计量 $F_n(\tau)$ 的值，由此得到能够最大化统计量 $F_n(\tau)$ 的时点并进行相应显著性检验，最终确定突变时点。其中，用于检验的统计量包括 Andrews（1993）提出的最大值统计量 $\sup\limits_{\tau_1 \leqslant \tau \leqslant \tau_2} F_n = \sup F_n(\tau)$ 及 Andrews and Ploberger（1994）提出的具有最优检验的统计量 $\exp F_n = \ln\left(\dfrac{1}{k}\sum\limits_{\tau=\tau_1}^{\tau_2}\exp\left(\dfrac{1}{2}F_n(\tau)\right)\right)$ 和 $\operatorname{ave}F_n = \dfrac{1}{k}\sum\limits_{\tau=\tau_1}^{\tau_2}F_n(\tau)$。其中，$F_n(\tau)$ 表示在突变点为 τT 的相应 Wald 或者 LR 统计量值。鉴于上述三种统计量并不遵循标准分布，Hansen（1997）进一步给出上述统计量对应的近似渐进临界 p 值。假设产出波动标准差为 σ_t，其发生结构突变在 k 时刻，则有：

$$\sigma_t = \begin{cases} \sigma_1, & t \leqslant k \\ \sigma_2, & t > k \end{cases}$$

$$H_0: \sigma_1 = \sigma_2 \leftrightarrow H_1: \sigma_1 \neq \sigma_2$$

由此，利用上述未知突变点检验方法可以得到产出波动特征发生转变的具体时刻 k。

2. 实证检验结果

本小节首先利用滚动窗口为三年、四年和五年的季度 GDP 增长率的滚动标准差序列对常数进行回归，然后进行 Quandt-Andrews 未知突变点检验，进而确定产出波动发生突变的时间区间，具体结果见表 2.3。

表 2.3　产出滚动标准差的结构突变点检验

统计量	滚动窗口三年		滚动窗口四年		滚动窗口五年	
	值	P 值	值	P 值	值	概率 P 值
Maximum F-statistic	175.49	0.000	227.32	0.000	312.01	0.000
Exp F-statistic	83.92	0.000	109.27	0.000	151.77	0.000
Ave F-statistic	46.94	0.000	61.46	0.000	81.63	0.000
最大化 F 统计量时点	1994Q2		1995Q1		1995Q4	

根据表 2.3，三组季度 GDP 增长率的滚动标准差序列 $\{\sigma_t\}$ 均在 1% 水平上显著拒绝序列不存在结构突变的原假设，说明中国经济波动确实存在结构性突变。不过，三组序列发生结构性突变的时点存在差异：当滚动窗口长度每增加 1 年，滚动标准差序列的结构突变点时刻会向前移动 3 个季度。鉴于每期产出增长率的滚动标准差是由历史数据得到，若将滚动窗口涉及的年份考虑在内，不难得到滚动窗口为 3 年的产出滚动标准差序列确定的产出波动发生转变的时间区间为 1991Q2—1994Q2，而滚动窗口为 4 年时为 1991Q1—1995Q1，滚动窗口为 5 年时为 1990Q4—1995Q4。因此，中国经济波动发生结构性转变的区间为 1990—1995 年。同样，中国发生的一系列重要的经济事件也为上述经验研究提供了现实依据：1992 年年初邓小平的南方谈话进一步推动了改革开放的热潮，同年 10 月，党的十四大则确立了建立社会主义市场经济的改革目标；1993 年 11 月，党的十四届三中全会对财税体制、金融体制、外汇管理体制、企业体制和社会保障体系等方面作出重要部署；1994 年则可视为中国经济改革由最初的增量改革时期转变为全面改革时期的分水岭（吴敬琏，2004）。

在确定了中国经济波动特征发生改变的时间区间后，进一步利用季度 GDP 增长率的瞬时标准差对常数进行回归，然后进行 Quandt-Andrews 未知突变点检验，进而确定中国经济波动特征发生转变的具体时点，具体结果见表 2.4。

表 2.4　季度 GDP 增长率的瞬时标准差的结构突变点检验

统计量	全样本期		第一阶段		第二阶段	
	值	P 值	值	P 值	值	P 值
Maximum F-statistic	19.00	0.000	7.33	0.089	3.90	0.391
Exp F-statistic	6.17	0.000	2.20	0.041	0.36	0.571
Ave F-statistic	6.08	0.002	3.77	0.023	0.56	0.598
最大化 F 统计量时点	1993Q1		1989Q2		2010Q1	

根据表 2.4，F 统计量在 1993Q1 达到最大值，并在 1% 水平上显著拒绝不存在结构突变的原假设。同样，在 1993Q1 Exp 统计量和 Ave 统计量也在 1% 水平上显著拒绝不存在结构突变的原假设。进一步，对 1993Q1 进行邹突变点检验，F 统计量和 LR 统计量所对应的 P 值均小于 1%，说明整个样本期内，1993Q1 确实发生了产出波动的结构性突变。

为了提高结果的可信度，进一步将整个样本以 1993Q1 为界划分为两个子样本，并利用 Quandt-Andrews 未知突变点检验分别对每个子样本进行突变点检验，具体结果见表 2.4。根据表 2.4，在第一阶段 F 统计量在 1989Q2 达到最大值且在 10% 水平上拒绝原假设，Exp 统计量和 Ave 统计量则在 5% 水平上拒绝原假设。但是 1989Q2 非常接近第一阶段突变点参数取值范围的极端点，会造成相应统计值趋向于发散，因此 1989Q2 并不能够成为结构突变点。[①]在第二阶段内，F 统计量在 2010Q1 点达到最大值，但是相应检验统计量并不具有显著性，且 2010Q1 接近第二阶段突变点取值范围的极端点，同样可以认为第二阶段不存在结构性突变。

综上分析，中国产出波动特征确实发生结构性突变，具体时点为 1993Q1。考虑到本书主要利用年度数据并结合中国经济改革的现实背景，所以将 1994 年作为中国经济波动特征发生转变的具体年份。因此，整个样本期可划分为两个阶段：1978—1993 年的增量改革时期，1994—2012 年的全面改革时期。

---

① 当在整个样本期内对 1989Q2 进行邹突变点检验，F 统计量仅为 1.47，统计上接受在该时点不存在结构性突变的原假设，其对应 p 值为 0.23。

第三节 本章小结

本章首先对中国经济波动特征事实进行总结,发现中国主要宏观经济变量的波动幅度在 20 世纪 90 年代中期后明显下降。从需求角度来看,投资是影响经济波动的主要因素,并通过影响资本存量进而带动产出的波动;从产业角度来看,第二、三产业与总产出波动状况密切相关,产业结构的变动会对经济波动产生重要影响。其次,本章分别以滚动标准差和瞬时标准差来衡量产出增长率的波动性,并通过未知结构突变点检验方法来确定中国经济波动特征发生改变的具体年份为 1994 年,并将整个样本划分为两个阶段:1978—1993 年的增量改革时期,1994—2012 年的全面改革时期。

第三章　相关文献综述与方法介绍

本章主要包括三部分：第一部分对国内外学者关于经济波动的平稳化主要解释进行文献综述；第二部分则对本书使用的主要方法，即动态随机一般均衡方法进行梳理和回顾，为第四至七章构建的理论模型奠定方法论的准备；鉴于本书是在基本的动态随机一般均衡模型中纳入中国经济所特有的影响因素基础上进行的，进而对中国经济波动出现的平稳化进行研究，第三部分则对国内学者利用上述方法的研究现状进行文献综述，为下文理论模型扩展奠定研究基础。

第一节　关于经济波动的平稳化解释的文献综述

在 2008 年美国金融危机发生之前，经济波动的平稳化并非仅局限于美国等主要发达国家，发展中国家在 20 世纪 90 年代之后也同样出现了类似现象。针对上述现象，学者进行了广泛的讨论和研究，但未形成一致看法，不同解释各有侧重点且得到现实证据支持。针对上述情况，本节将对不同解释进行梳理归纳，为下文分析奠定研究基础。具体来说，针对经济波动的平稳化解释大致分为五类：第一类为好的运气或者外部冲击减弱；第二类为宏观政策改善，尤其成功的货币政策；第三种为产业结构升级；第四种为金融创新；第五种为良好的制度环境。

3.1.1　好的运气或者外部冲击减弱

主张将经济波动的平稳化归结为外部冲击减弱的学者，主要认为随着时间推移、外生冲击的频率和强度逐步减弱，即外生冲击的方差具有时变性，进而导致经济波动幅度的下降。这些学者按照分析方法可大致分为两类：一类主要采用向量自回归（简称 VAR）方法进行分析，另一类则采用具有严格的经济理论基础的 DSGE 模型进行分析。

采用 VAR 方法的学者主要包括 Blanchard and Sims（2001）、Stock and Watson（2002）、Primiceri（2005）、Sims and Zha（2006）和 Kim et al.（2008）等人。具体来说，Blanchard and Sims（2001）假设实际产出增长率服从一阶自回归过程，简称 AR（1），并将回归残差视为外生冲击。[①]利用美国 1952—2000 年的季度数据，对实际产出增长率进行窗口长度为二十个季度的滚动回归，实证研究发现 AR（1）的回归系数没有发生显著变化，而回归残差的标准差与产出增长率的滚动标准差呈现相似的时间趋势，由此认为美国产出波动幅度的下降主要源自外生冲击的减弱，而不是由于冲击持续性减弱即传导机制改变引起。为避免 Blanchard and Sims 可能由于经济信息缺失造成的结果偏差，Stock and Watson（2002）利用由 GDP 增长率、GDP 缩减指数、联邦基金利率和商品价格指数四组经济数据构成的 VAR 模型进行反事实（counterfactual）分析。具体来说，首先将 1960—2001 年的样本数据分为 1960—1983 年和 1984—2001 年两个子样本，分别估计得到两个阶段的 VAR 模型系数矩阵和新息的方差协方差矩阵；其次，通过计算和比较不同组合下两阶段的 VAR 系数矩阵和新息的方差协方差矩阵得到的理论产出波动方差，发现 VAR 模型新息的方差协方差矩阵的变动几乎能完全解释美国产出波动的下降，达到 70% 以上。Primiceri（2005）、Sims and Zha（2006）和 Kim et al.（2008）则进一步改进 Blanchard and Sims（2001）和 Stock and Watson（2002）研究方法的不足。鉴于 Stock and Watson（2002）研究中 VAR 系数矩阵和新息的方差协方差矩阵在每个子样本期内均保持不变的不足，Primiceri（2005）则采用结构向量自回归模型（简称 SVAR 模型）并假设模型的回归系数矩阵和新息的方差协方差矩阵均是时变的。其中，时变（time variation）参数刻画了美国货币政策由非系统性到系统性的转变，时变的新息协方差矩阵则用于刻画模型变量同步关系的变动和新息的异方差性。Sims and Zha（2006）进一步认为，Primiceri（2005）使用的具有时变特征的 SVAR 模型并不能较好刻画 20 世纪七八十年代美国货币政策发生的系统性变化，进而通过包含离散结构突变点的有限区制转换（switching regime）线性时变模型对上述情况进行刻画。

---

① 假设产出增长率服从 AR（1）过程：$\triangle \lg y_t = \phi \triangle \lg y_{t-1} + \varepsilon_t$，$|\phi| < 1$，$\varepsilon_t \sim N(0, \sigma_\varepsilon^2)$，则产出标准差 $\sigma_y = \sigma_\varepsilon / \sqrt{1 - a^2}$。这样，产出波动的下降归结为 σ_ε 或者 a 的变动。

此外，为弥补 δ 方法对参数估计精确度不高以及在处理结构突变时点和参数不确定性方面的缺陷，Kim et al.（2008）采用贝叶斯方法对参数进行估计。

不过，VAR 模型非常注重与实际经济数据的拟合，但是缺乏坚实的经济理论基础，并不能够对变量之间的动态联系提供严格说明，正如 Coric（2011）指出 VAR 模型的结论可能由于模型误设产生，而不是由于外生冲击减弱产生。同样，Giannone et al.（2008）认为基于 VAR 模型得到的外生冲击减弱能够解释产出波动下降的结论主要基于单变量或者少数几个变量进行时间序列分析得到，并不能够准确反映市场和中央银行形成预测时的信息集，受到变量遗漏问题影响，模型估计的冲击通常缺乏一致性并且倾向于高估第一阶段的波动方差。

面对学者对 VAR 方法的质疑，Arias et al.（2007）、Justiniano and Primiceri（2008）以及 Canova（2009）采用 DSGE 模型研究上述问题，仍支持上述假说。Arias et al.（2007）将整个样本划分为 1955—1983 年和 1984—2003 年两个子样本，首先利用仅包含技术冲击的劳动不可分 RBC 模型研究美国经济波动的平稳化现象。其中，技术冲击通过全要素生产率（简称 TFP）来衡量，数值模拟显示技术冲击波动下降能够解释产出、消费等变量波动下降的 50% 左右。进一步，考虑到其他类型冲击可能通过未衡量的资本和劳动利用率造成以 TFP 衡量的技术冲击波动幅度的下降，从而模型结论可能具有欺骗性。为了避免上述情况，Arias et al.（2007）进而在 Burnside and Eichen-baum（1993）的要素窖藏模型基础上考虑了要素利用率和其他类型冲击对模拟结果产生的影响，研究发现家庭劳动-闲暇冲击、跨期偏好冲击和政府支出冲击的变动并不能够解释 TFP 波动和产出波动的变动。因此，Arias et al.（2007）认为技术冲击波动幅度的下降是美国经济波动出现平稳化的主要原因。不过，上述研究中外生冲击在每个子样本期内是保持不变的，Justiniano and Primiceri（2008）则构建了一个允许结构性冲击具有时变性的新凯恩斯 DSGE 模型，研究发现美国经济遭受的外生冲击具有显著的随机波动性，模型能够较好再现实际 GDP 增长率的波动轨迹，而且能够比较准确地预测出美国经济波动出现平稳化的时点和波动下降幅度，并进一步通过如下反事实分析：在保持其他外生冲击轨迹不变的情形下，将感兴趣的外生冲击设定为 1980 年的水平进行数值模拟，将得到的理论意义上的 GDP 增长率波动轨迹与实际 GDP 增长率波轨迹径相比较，若二者之间存在较大差异，则说明该冲击是引起美国经济波动出现平稳化的重要原因。上述研究表明，投资专有性冲击减弱是美国经济波动出现平稳化的重要原因。

不过，基于 DSGE 模型研究同样存在一定问题，正如 Coric（2011）指出：第一，模型没有考虑经济结构变动对产出波动下降的解释力度；第二，DSGE 模型分析结果对模型类型比较敏感，结果可能存在误导性。此外，从现实来看并没有明显证据说明外部冲击减弱，Cecchetti et al.（2006）指出，1980 年以来拉丁美洲和亚洲发生严重金融危机，美国长期资本管理公司破产引发金融动荡。此外，石油价格波动也出现剧烈波动，在 1990 年达到每桶 35 美元，接着在 1998 年年末跌至不足 12 美元，此后稳步攀升到 2000 年年初的 30 美元。因此，Cecchetti et al. 认为外部冲击减弱难以令人信服。

3.1.2 宏观政策改善，尤其是成功的货币政策

一些学者则主张将经济波动的平稳化归结于宏观经济政策的改善，尤其是成功的货币政策，认为货币政策改善能够消除太阳黑子冲击（sunspot shock）对经济的影响，进而消除由预期自我实现机制导致的经济波动，包括 Clarida et al.（2000）、Lubik and Schorfheide（2004）、Bullard and Singh（2008）和 Benati and Surico（2009），并采用 DSGE 方法进行验证。Clarida et al.（2000）利用前瞻性的泰勒规则对美国前沃尔克时期（1960—1979）和沃尔克-格林斯潘时期（1982—1996）的季度样本数据分别进行回归估计，发现货币政策对通货膨胀和产出缺口的响应在第二阶段更为强烈，尤其通货膨胀缺口系数 β 在第一阶段仅为 0.83，而在第二阶段达到 2.15，认为 1979 年保罗·沃尔克被任命为美联储主席后，美国货币政策实施发生显著变化，更倾向于关注通货膨胀。进一步，他们揭示了上述货币政策的系统变化能够对宏观经济起到稳定效应，具体来说：利用由家庭优化得到的动态 IS 曲线、垄断竞争厂商最优定价决策得到的菲利普斯曲线和货币当局执行的泰勒规则构成的新凯恩斯 DSGE 模型进行研究，发现当联邦基金利率对通货膨胀的响应反应系数 β 小于 1 时，模型存在多重均衡解即不确定性（indeterminacy）问题，经济会受到太阳黑子冲击的影响，产出和通货膨胀具有预期自我实现机制：当预期通货膨胀上升时，联邦基准利率对预期通胀的反应小于 1，通胀预期提高导致实际利率下降，带来社会总需求的增加，进而引起实际通货膨胀水平提高。因此，在前沃尔克时期，货币政策不能够起到稳定经济效果的作用，无法消除太阳黑子冲击对经济的影响；在沃尔克-格林斯潘时期，联邦基金利率对通货膨胀的响应系数 β 大于 1，联邦基准利率的提高足以导致预期的实际

利率水平上升，抑制总需求增加，起到稳定产出和通货膨胀的作用。因此，Clarida et al.（2000）认为货币政策改善是美国经济波动平稳化的重要原因。不过，Lubik and Schorfheide（2004）指出模型均衡解的确定性是整个经济系统所具有的性质，不能够通过单一方程的参数估计建立，进而基于代表性经济主体构建了完整的理性预期模型。其中，货币政策通过泰勒规则描述，并且没有对模型参数范围进行限制以保证模型存在确定性均衡解，而是根据贝叶斯方法将模型参数空间的确定性和非确定性区域赋予后验权重，进而提供了在 DSGE 背景下定量研究模型不确定性问题以及衡量基本性冲击（fundamental shock）和太阳黑子冲击对总量波动影响的数量工具，并将上述方法应用到美国经济，证实了 Clarida et al.（2000）的观点。此外，Bullard and Singh（2008）则将 Clarida et al.（2000）的研究扩展到开放经济条件下。Benati and Surico（2009）则基于一个可估计的新凯恩斯 DSGE 模型，模型唯一的变动来源是货币政策从被动转为主动形式。研究发现 VAR 方法很可能将货币政策改善错误解释为外生冲击减弱，进一步指出基于理论上的 SVAR 模型在两种货币政策制度下的反事实实验无法准确描述现实，DSGE 模型的货币政策规则系数变动主要影响 VAR 的方差协方差矩阵，而对 VAR 系数的影响较小，认为货币政策改善是美国经济波动出现平稳化的主要原因。

同样，国内一些学者也认为，宏观经济政策改善具有降低经济波动的效果。刘树成（2003）认为，中国宏观经济政策的有效实施是 1998—2002 年经济波动平稳化的重要原因，宏观经济政策的预见性、针对性和有效性明显增强。孙稳存（2007）考虑到中国利率非市场化和中央银行通过货币总量调控经济的现实，构建了能够反映上述事实的综合性货币政策指标，并以 IS-LM-AS 分析框架研究了中国货币政策对宏观经济波动的平稳化趋势影响，认为中国货币政策变量自身波动的减小，即政策日益稳健是中国经济波动平稳化的重要原因。然而上述解释是以货币政策波动性的外生性为前提，经济波动有可能是货币政策波动的原因，张成思（2010a）以投资储蓄-供给-货币政策（IS-AS-MP）框架为基础，结合中国经济运行机制和货币政策调节机制的特殊性，将货币政策由利率控制型修正为货币总量控制型，并构建了用于刻画中国货币政策和经济发展动态特征的 SVAR 模型，在考虑货币政策指标差异以及财政政策和汇率政策对实证结果带来的潜在影响的基础上，通过反事实实验研究发现中国系统性货币政策的发展与改善（以 SVAR 模型中结构参数变动来衡量）能够解释30%~40%的中国经济波动下降的原因。进一步，考虑到外生冲击的时变性，张成思（2010b）采用由实际产出缺口、通货膨胀和M2增长率构成的三元 VAR 模型，比较分析中国经济波动出现平稳化趋势前后的不同随机结构性冲击（需求冲击、供给冲击和货币冲击）对产出动态影响的脉冲响应图，发现各种随机性冲击对产出的影响在 1999 年之后明显减弱，认为中国货币政策调控方式由指令性贷款规模控制转变为利用多种货币工具进行间接调控，货币传导机制的不断发展与完善提高了经济抵御外部冲击的能力，避免了经济波动的大起大落，促使经济波动出现平稳化趋势。此外，贾俊雪和郭庆旺（2008）基于 GARCH 模型和时变参数模型考察了中国宏观经济政策对经济波动的影响，认为中国货币政策和财政政策的转变是经济波动出现平稳化趋势的重要原因。其中，货币政策由 20 世纪 90 年代之前的"稳定货币和发展经济"的双重目标转变为更多着眼于物价稳定，政策调控中介目标由行政性信贷资金规模向货币总量转变，货币政策的不确定明显减弱；财政政策则由原来持续实行扩张性财政政策转变为采取具有逆周期性的政策。

3.1.3　金融创新与发展

自 20 世纪 80 年代以来，美国金融体系发生了深刻变革，金融创新改善了风险评估和定价，使得金融资产规模急剧膨胀，降低了家庭和企业的抵押贷款要求，提高了家庭和企业借入资金能力，金融管制方面则以银行储蓄利率上限规定的 Q 条例解除比较著名，这些变化对宏观经济产生了重要影响。Dynan et al.（2006）认为金融创新降低了金融市场摩擦，对宏观经济的稳定有两方面影响：一方面提高了家庭和企业在经济衰退时期的借贷能力，减轻了家庭和企业支出对自身收入和现金流的敏感性，增强总需求和产出的稳定性；另一方面使得微观经济主体获取资金更为便利，刺激了投机性行为，加剧了经济不稳定性。进一步，他们利用美国历史数据进行实证研究发现：相对于 1960—1983 年、1985—2004 年期间家庭消费支出对当期收入敏感性下降，住房投资对利率反应下降，企业固定投资对金融摩擦敏感性同样降低，进而认为金融创新对经济波动下降起到了重要作用。Campbell and Hercowitz（2006）则强调金融创新对家庭信贷约束的影响，通过在 RBC 模型中引入家庭抵押品约束和偏好异质性因素，认为由于家庭耐用品具有贷款抵押品和消费品的双重作用，当模型经济达到均衡时，借贷家庭没有任何金融资产，只能通过劳动供给方式来支付新增耐用品消费的首付款，而债务的偿还引起家庭劳动供给呈现较高的持续性。当金融创新使得家庭抵押品约束要求放松时，家庭耐用品购买、债务和劳动供给之间的联系减弱，进而降低了产出波动，数值模拟显示金融创新降低了家庭耐用品购买的首付款要求和利率分摊，能够解释美国实际经济中产出、劳动时间、家庭债务和家庭耐用品消费等波动下降的大部分。Jermann and Quadrini（2006）则强调，金融创新提高了企业融资贷款能力，认为在经济衰退时期，企业仍能够比较顺畅地通过股权出售方式清偿债务，使得产出和投资下降幅度减轻。在构建的一般均衡模型中，假设企业可以通过股权和债务两种方式进行融资，金融市场摩擦则通过债务融资合约执行力参数 ϕ 以及债权和股权转换成本参数 κ 来刻画，参数 ϕ 和 κ 取值越小说明金融市场摩擦越小，金融创新降低了金融市场摩擦程度，减轻了企业融资约束，促使经济稳定性增强，数值模拟显示金融创新能够减轻资产价格冲击对产出的影响，很好地解释了美国 20 世纪 80 年代后实体经济波动下降、金融市场波动增大的事实。Aghion et al.（2010）则强调，金融市场发展对企业长期和短期投资的影响。其中，长期投资有利于提高全要素生产率，进而提高了长期经济绩效，但是存在较高的流动性风险。在完善的金融市场条件下，长期投资在总投资的份额具有逆周期性；而在金融市场不完善下，长期投资在总投资的份额具有顺周期性。因此，金融市场的发展能够减少投资构成的周期性效应，减少投资波动，进而降低经济波动幅度。为了解释美国宏观经济波动减小，而企业投资波动增大的事实，Wang and Wen（2009）通过在 RBC 模型中纳入异质性的企业融资约束和不可逆投资因素，认为金融发展缓解了借贷约束并鼓励富有效率的厂商从事不可逆投资，而缺乏效率的厂商则更倾向于投资金融资产，进而企业水平上的投资波动增大；同时，金融发展能够降低企业对内部资金流依赖性，更容易获得外部资金支持，减轻了外部冲击对总体投资、生产和就业的影响，促使经济波动减弱，数值模拟显示模型能够较好地解释上述事实。

不过，Rajan（2006）、Gai et al.（2008）、Caralho and Gabaix（2013）持不同观点，认为金融创新对经济稳定存在潜在的破坏性。Rajan（2006）认为，金融部门的发展创造了一系列具有不同风险和收益的金融工具，家庭和企业能够以更低的利率水平获得贷款，促使不同风险偏好人群参与金融交易，使得金融部门在广度和深度方面扩大。不过，经济的系统性风险并没有消除，同时由于经济扩散风险能力增强，并且金融工具交易者行为的高度相关性加剧了实体经济的波动，存在着由金融部门导致经济动荡的小概率事件。Gai et al.（2008）则构建了包含金融约束和状态依存合约的一般均衡模型，其中状态依存合约包含了由资产甩卖产生的金融负外部性，研究表明金融市场的发展能够带来经济稳定性的增长，但是存在着比以往更为严重的经济危机可能。Carvalho and Gabaix（2013）通过将企业或产业波动按照多马加权平均的形式定义经济的"基本波动"，发现美国 1975—1985 年制造业份额下降是美国经济波动下降的重要来源，而近期宏观经济波动上升则是由于金融部门上升导致的。

国内研究从金融角度研究经济波动的文献不多，考虑到经济波动在很大程度上受到企业投资行为的影响，金融发展能够减轻企业投资约束，进而减少了企业投资波动。朱红军等（2006）利用中国沪深上市的制造业公司数据，研究发现中国金融发展能够降低企业的融资约束，减轻企业投资对内部资金的依赖性，证实中国信贷市场不完善性的存在。此外，由于信贷市场的信息不对称问题会导致企业外部融资升水幅度依赖于企业资产净值，而宏观经济状况在很大程度上影响到企业资产价格和资产净值，因此金融加速器效应通过影响企业投资进而放大了经济波动。考虑到金融发展能够减轻金融加速器效应，一些学者从不同角度证实中国确实存在金融加速器效应，从而间接说明金融发展具有增强经济稳定性和抑制经济波动的效应。赵振全等（2007）利用 1990—2006 年的月度数据，通过门限向量自回归模型研究发现中国存在明显的金融加速器效应：相同外生冲击下，信贷紧缩状态下的经济波动反应比信贷宽松状态要强烈。袁申国和陈平（2010）利用 1998—2008 年中国上市公司数据，通过动态面板方法研究发现企业投资水平受到资产负债表状况影响明显，中小企业受到的金融加速器效应更为明显。袁申国和刘兰凤（2009）利用中国 2003—2006 年制造业 30 个行业的月度数据，通过似不相关回归发现 15 个行业并不存在金融加速器效应，而其余 15 个行业所具有的金融加速器效应程度存在明显差异。张良贵和孙久文（2013）认为，产业转移和产业政策导致金融加速器效应存在明显的区域差异且金融加速器效应总体上呈现逐年减弱趋势。此外，少数学者直接研究金融发展对中国经济波动影响，骆振心和杜亚斌（2009）研究了银行业发展对不同冲击传导机制的影响，发现银行业发展对货币冲击具有缓和效应，而对实际冲击起到放大作用。王翔和李凌（2009）通过贷款余额占 GDP 的比重衡量金融发展程度，实证研究表明金融发展主要通过投资结构的改善降低外生冲击对产出和投资的影响。朱彤等（2011）则通过金融体系规模和效率两方面来衡量金融发展程度，利用 1978—2009 年的省际数据研究发现，金融发展对产出波动和投资波动具有抑制效果，其中，金融体系效率降低经济波动的效果更为明显。姚耀军和鲍晓辉（2013）认为，贷款余额衡量金融发展掩盖了贷款主要流向国有企业的事实，并不能解释金融中介效率的提升，进一步采用非国有企业贷款占 GDP 比率作为衡量金融中介发展的指标，利用 1994—2010 年省际数据，实证研究发现金融发展对经济波动的影响存在倒 U 关系，金融发展只有超过一定临界值才能够对经济波动产生抑制作用。鄢莉莉和王一鸣（2012）则将金融发展和金融市场冲击纳入新凯恩斯 DSGE 模型中，数值模型发现金融发展能够减轻外部冲击对经济的影响。

3.1.4 产业结构升级

宏观经济由不同产业部门构成，其波动状况是不同产业波动的综合效果体现，蕴含了不同产业间相互作用的复杂机制，其结构的变动必然会影响到宏观经济波动状况。Burns 早在 1960 年就预测美国经济会日益平稳，认为与制造业、建筑业和运输业等传统行业相比，管理人员、工程师、科研人员、金融等服务性行业就业受到经济衰退的影响较小，这些服务业就业比重的上升有助于增强经济的稳定性。McConnell and Perez-Quiros（2000）将每个产业部门的份额设定为样本期内平均值来计算 GDP 增长率的反事实序列，通过比较反事实序列与实际序列的波动性，发现不存在显著证据表明产业结构对美国经济稳定具有重要促进作用。不过，Alcala and Sancho（2004）认为，上述研究未考虑到在整个样本期内美国产业结构发生的较大变动，而在整个样本期使用某一固定份额来计算 GDP 增长率的反事实序列，会对结果造成严重的扭曲和系统性偏差：高估部门波动和方差协方差变动效应，而低估结构变动效应。为解决上述问题，Alcala and Sancho（2004）采用链式权重方法，即将部门份额设定为当期和上期的均值，发现美国经济中产业结构变动能够解释自 20 世纪 50 年代产出波动下降的 30%。Eggers and Ioannides（2006）则进一步将总产出分解为 10 个行业，方差分解显示产业结构变动，尤其制造业相对份额减少，至少能够解释 1982 年前后美国产出波动下降的 50%。Burren and Neusser（2013）利用具有时变新息方差协方差的似不相关多元自回归模型分析了 22 个产出部门变动对美国经济波动下降的影响，通过反事实实验将产出波动下降区分为部门结构效应和新息方差变动效应，研究发现即使考虑到某些产业更具有波动性，制造业向服务业转移也能够解释至少 30% 的产出波动下降。在理论方面，Moro（2012）注意到，美国实际经济中制造业中间投入份额高于服务业，并在理论上论证了某一产业中间投入份额的上升会导致该产业增加值波动的增大，进而构建包含中间投入的两部门 RBC 模型，通过对模型在不同稳态水平下的服务业份额进行数值模拟研究发现：产业结构变动能够解释美国产出波动下降的 28%。Flamini et al.（2012）认为，服务业产品价格粘性程度比制造业更高，外生冲击导致两个部门的价格调整幅度存在一定差异，进而引起需求在部门间转移，减轻了外生冲击对经济的影响，利用构建的两部门新凯恩斯模型研究发现：产业结构变动和部门间价格粘性异质性能够显著解释美国和英国产出和通货膨胀波动下降的 20%~40%。

就国内而言，学者同样认为产业结构变动对经济波动具有重要影响。孙广生（2006）利用 1986—2003 年中国行业数据研究了行业波动与经济波动的关系，发现各个产业的波动性均大于总产出，三大产业波动与总产出波动的相关性存在明显差异：第二产业最强，其次是第三产业，第一产业则不相关。此外，各产业增加值增长率与 GDP 增长率的相关性从当期来看比较弱，但从中长期来看相关性有所增强。从宏观经济波动的产业来源来看，冶金工业、非金属矿工业和建筑业等重工业和建筑业是影响经济波动的主要行业，而消费工业和服务业作用不明显。李云娥（2008）利用 1952—2004 年中国 GDP 和三次产业的增长率数据，运用 VAR 模型进行格兰杰因果检验、脉冲反应和方差分解分析，研究表明三次产业对宏观经济波动的影响存在显著差异，第一、二产业是宏观经济波动的主要来源。由于 1978 年的改革开放可能对研究结果产生影响，石柱鲜等（2009）则分别对 1954—1997 年和 1978—2007 年的数据分别建立 VAR 模型进行分析，认为改革开放后第三产业具有促进经济平稳的效果。方福前和詹新宇（2011）基于时变参数模型发现，产业结构升级有利于增强经济稳定性，促进中国经济波动幅度降低。进一步，通过 TGARCH 模型发现，三大产业对总产出波动存在非对称效应：第一产业对经济总量波动几乎无影响；第二产业由于重工业影响对经济总量波动具有杠杆效应；第三产业对经济总量波动具有熨平效应且存在显著的内部差异，除批发零售业、金融业和房地产业以外的行业能够显著熨平总量经济波动。刘丹鹭（2011）利用中国 1978—2009 年的年度数据研究认为，服务业具有较强的就业稳定性和相对较弱的产出稳定效果，服务业的稳定效果依赖于整体宏观经济稳定状况：在宏观经济波动较大时，服务业会加剧宏观经济波动；而宏观经济稳定性较强时，服务业则会进一步增强宏观经济的稳定性。李猛（2010）通过方差分解方法发现，无论是以三次产业还是以六类行业划分衡量产业结构，产业结构划分标准对中国经济波动影响差异较小，产业结构变动能够解释大约 15%～20% 的中国经济波动。干春晖等（2011）则认为，产业结构升级涉及产业结构合理化和产业结构高级化两方面，利用 1979—2009 年的省际面板数据进行实证检验发现产业结构合理化对中国经济稳定具有促进作用，而产业结构高级化则造成经济波动的增大。此外，詹新宇和甘凌（2013）将产业结构升级指标视为一种资本增进型技术进步引入 RBC 模型中，研究发现产业结构升级会造成投资波动的增大，而促进消费波动的下降，两种相反效应促使总产出波动下降，认为产业结构升级具有熨平经济波动的效果。

3.1.5　良好的制度因素

在制度经济学家看来，制度不仅影响长期经济增长绩效，还对短期经济波动具有重要的影响，正如 Acemoglu et al. （2003）指出："尽管其他因素也是产生经济波动的原因，但制度是最为根本的原因。"虽然世界范围内出现经济波动下降趋势，但发展中国家经济波动仍明显高于发达国家。考虑到发达国家各项制度完善，而发展中国家制度仍存在诸多缺失和不完善性，一些学者认为，制度差异能够解释不同国家经济波动的差异，制度改善有助于降低发展中国家经济波动。

一般而言，制度大致可以分为政治制度和经济制度。其中，政治制度涉及政权、民主化和法律等；经济制度则涉及产权、契约和市场化等。良好的制度能够使经济主体具有稳定的预期，避免决策出现较大变动，带来宏观经济的稳定。就政治制度与经济波动而言，Acemoglu et al. （2003）认为，制度质量和宏观经济波动存在很强的联系，制度是影响经济波动的最根本原因。好的制度能够提高一国解决政治分歧的能力，带来稳定的政治环境，促使政府追求连续性经济政策，增强解决外生冲击能力，带来产出波动的下降；坏的制度使得经济对外生冲击调整困难，甚至引起一国政变和暴乱。欧洲殖民者在殖民地实施政策的差异导致不同国家政治制度的差异，进而对经济绩效产生较大影响，通过二阶段最小二乘法发现，制度质量提高 1% 能够降低经济波动的 0.83%，而当控制一国制度变量时，宏观政策（货币政策、财政政策以及汇率政策等）对产出波动的影响较小。Olaberria and Rigolini（2009）的研究也发现类似结论，利用 1970—2006 年非 OECD 东亚国家和 OECD 国家的数据，通过面板 GMM 回归发现：若中低收入国家的制度质量达到 OECD 国家的平均水平，经济波动能够额外下降 6%。Acemoglu et al. （2003）认为，制度影响经济波动的渠道既不是通过宏观经济变量渠道，也不是通过政治危机渠道。Tang et al.（2008）进一步指出制度通过技术变动渠道影响经济波动，制度缺陷会增加经济的不确定性，降低了物质和人力资本积累的激励，导致技术提高缓慢，进而使得宏观经济波动增大。Mihal（2009）则指出："腐败和坏的制度会阻碍投资并降低经济增长水平，还会导致一国宏观经济和财政的不稳定。"Klomp and Haan（2009）指出以经济增长率标准差衡量经济波动并没有考虑到不同国家经济绩效问题，建议采用相对标准差衡量，通过制度类型、制度的稳定性和政变不确定性三方面衡量政治制度，利用一百多个国家 1960—2005 年的数据通过动态面板方法发现政治不稳定和政策不确定性会导致经济波动增大。Yang（2011）采用倍差法对 1970—2005 年的 158 个国家的样本数据进行回归分析，发现当一国仅进行政治或者经济自由化时，对外开放能够降低经济波动，而民主不能够降低经济波动；当一国同时进行政治和经济自由化时，不存在显著的因素能够降低经济波动。总之，Yang 认为，发展中国家应该先进行经济自由化，再进行政治自由化才能够降低经济波动。

就经济制度与经济波动的关系而言，Barseghyan（2008）指出，较差的产权保护制度会导致低水平的教育程度和资本产出比。Barseghyan and DiCecio（2010）进一步区分了进入壁垒和产权保护两种制度对经济波动的影响，发现较高的进入壁垒成本会导致产出波动的增大，而产权保护制度似乎对产出波动没有影响。理论方面，Chu et al.（2012）认为，专利保护强度的增强能够促进企业增加研发投入，带来技术水平的提高，进而降低宏观经济波动，通过构建包含研发的随机增长模型，数值模拟显示知识产权保护的增强提高了企业研发投入，促进技术变动进而降低经济波动，能够解释美国经济波动下降的 10% 左右。一般而言，坏的制度导致寻租行为盛行，对生产活动产生严重负面影响；而好的制度能够激励投资创新和生产等活动。考虑到新兴市场国家正处于制度建设过程中，制度环境随着时间不断发生变动，Angelopoulos et al.（2011）在基本的 RBC 模型中通过厂商仅能够保留产出的 $1-\theta$ 份额的方式引入产权保护衡量指标，制度冲击通过对生产率和资源配置产生影响，进而引起经济波动。研究发现，包含产权制度冲击的模型能够更好地解释墨西哥经济波动特征事实，并且产权制度冲击是影响经济波动的重要因素。

国内学者从制度角度研究经济波动较少，孙宁华和曾磊（2013）借鉴奥姆特鲁姆、菲尼和皮希特（1992）关于制度是影响经济增长的重要因素的观点，在厂商生产函数中引入制度要素，从而构建包含制度因素的 RBC 模型，并对中国制度变迁进行量化衡量，数值模拟显示模型能够较好地解释中国经济波动的特征事实，制度冲击对经济的影响具有持久性效应。李勇等（2010）则以风险规避的信息不对称模型为基础，将中国经济的实际产出分解为完美信息的市场产出和信息不对称的市场产出，认为改革开放后中国经济波动呈现平稳化的趋势是由于市场性因素逐步加强，而政府干预因素逐步较弱的结果。严成樑和沈超（2014）利用樊纲等人构建的中国市场化指标数据研究经济制度对经济波动的影响，结合 1997—2009 年的省际数据，在控制了技术水平、开放度、产业结构和金融发展等因素后，实证结果显示市场化具有增强经济稳定的效果。

3.1.6　其他解释

考虑到 20 世纪 80 年代中期后，美国耐用品部门生产波动显著下降，而耐用品销售波动并没有明显下降，Kahn et al.（2002）认为库存管理技术改善使得企业能够更好地应对销售的改变，进而更好地平滑生产，促进经济稳定性增强。进一步通过在理论模型中假设企业具有最优的库存–销售比例并且包含了关于耐用品销售预测的信息技术，研究表明即使外生冲击强度没有改变，信息技术改善使得存货投资在放大或传播冲击的效果减弱，减轻了销售变动对企业生产的影响，由此认为库存技术改善是美国经济波动下降的重要原因。Jaimovich and Siu（2009）则利用美国和 G7 的数据发现就业的周期性波动是年龄的"倒 U"函数，年轻人的就业波动远大于中年人，而年老者则介于二者之间。在保持各个人口结构群体就业波动不变的情形下，当经济中中年人的比重增大时，经济的就业波动会下降，进而导致产出波动下降。数值计算发现，人口结构变动能够解释美国和 G7 国家经济波动下降的 $1/5 \sim 1/3$。

此外，雎国余和蓝一（2005）实证研究认为，固定资产投资的所有制结构变动以及国有企业预算约束硬化的增强是中国经济波动出现平稳化的主要原因。詹新宇和方福前（2012）以陈晓光和张宇麟（2010）模型为基础，认为国有经济改革引起的国有企业利润目标和规模目标呈现阶段性变化是引起中国经济波动呈现阶段性波动的重要原因并促使经济出现平稳化。詹新宇（2014）构建包含由东部和中西部地区生产者的 RBC 模型，认为中国区域政策由"非均衡发展"到"均衡发展"的转变同样有助于中国经济波动出现平稳化。

第二节 动态随机一般均衡模型方法介绍[①]

3.2.1 动态随机一般均衡模型的发展历程

动态随机一般均衡模型作为当今主流宏观经济分析工具，主要包括真实经济周期（RBC）模型和新凯恩斯 DSGE 模型。

RBC 模型最早由 Kydland and Prescott（1982）提出，其出现是经济理论发展到一定阶段的必然产物。早在 1933 年，Frisch 就指出将随机扰动项添加到由确定性经济模型得到的具有阻尼波动的线性解后，可以使得波动不断更新。同样，Slutsky 在 1927 年发现宏观经济变量的相关序列可以通过对随机的"白噪声"变量作移动平均得到。Frisch 和 Slutsky 的研究表明，稳定的随机差分系统可以产生类似经济波动的特征。不过，Frisch 和 Slutsky 的研究工作在此后并没有获得长足发展，正如 Prescott（1995）指出，20 世纪 30 年代缺少用于动态一般均衡分析的工具。在该时期，凯恩斯宏观经济理论占据主流经济地位，学者广泛采用 IS/LM 工具对凯恩斯理论进行阐述，同时宏观经济计量模型得到广泛应用。直到 20 世纪 70 年代后，西方主要国家的经济滞涨使得凯恩斯主义让位于卢卡斯和萨金特领导的"理性预期革命"。理性预期学派强调坚实的微观基础、经济主体的跨期最优选择和市场持续出清，正如 Sargent（1982）所说，理性预期从本质上要求一般均衡的分析。此时，动态随机一般均衡模型所需要的"动态""随机"和"一般均衡"工具均具备，Kydland and Prescott（1982）提出的 RBC 模型应运而生，从而开创了经济波动研究的"冲击-传导机制"分析框架。

RBC 理论框架下的 DSGE 模型可以描述为：在一个完全竞争和无货币的经济中，在资源禀赋和技术水平给定下，代表性家庭选择能够实现永久性效用水平最大化的消费、储蓄和劳动供给水平，厂商选择能够实现利润最大化的资本需求水平和劳动需求水平，进而通过家庭和厂商的最优决策方程以及资源约束等条件来描述理性经济主体的决策如何随着时间而演变，进而解释

[①] 本节内容主要参考了 Delong and Dave（2007）、George McCandless（2008）、刘斌（2010）、Miaojianjun（2015）的著作以及徐高（2008）博士论文的相关部分。

经济的总量波动。Kydland and Prescott（1982）的研究表明，RBC 模型能够捕捉到二战后美国经济的某些重要经济波动特征。此后，学者在基本的 RBC 模型基础上不断扩展，主要体现在以下三个方面：劳动力市场的扩展、引入货币因素以及扩展为多部门模型。关于劳动力市场改进的 RBC 模型主要包括 Hansen（1985）的不可分劳动模型、Benhabib et al.（1991）的家庭生产模型、Burnside et al.（1993）的劳动窖藏模型；引入货币因素的 RBC 模型主要包括 Cooley and Hansen（1989）的现金预留模型、Christiano and Eichenbaum（1992）以及 Fuerst（1992）的流动效应模型；多部门的 RBC 模型主要包括 Long and Plosser（1983）、Horvath（1998、2000）、Caunedo（2014）的包含中间投入的多部门模型、Hornstein and Praschnik（1997）的耐用品和非耐用的两部门模型、Benhabib and Perli（2006）的消费品和投资品的两部门模型。

不过，RBC 模型的核心含义认为，在一个完全竞争和无摩擦的环境中，经济波动是微观主体对外生冲击最优反应的结果，进而认为周期性的经济波动并不一定意味资源配置的无效率，政府的稳定型经济政策是不必要的。同样，包含货币因素的 RBC 模型得到货币中性的结论与广泛接受的观念相悖，即货币政策至少从短期来看是非中性的，对产出和就业具有重要的影响。

为了弥补 RBC 模型得到的货币中性结论，经济学家在 DSGE 模型基础上，引入垄断竞争和价格调整摩擦两种因素。其中，垄断竞争的市场结构意味着厂商能够自主决定产品价格，而价格调整摩擦意味着厂商在遭受到冲击后无法及时调整价格。由此，学者通过对 RBC 模型的修正导致新凯恩斯 DSGE 模型的诞生。在新凯恩斯 DSGE 模型中，由于价格调整摩擦的存在，货币冲击造成经济中名义利率和通货膨胀的变动幅度并不完全相同，通货膨胀变动将会小于名义利率的变动，进而根据费雪方程，货币冲击导致实际利率水平改变，而实际利率水平的改变导致消费和投资改变，进而引起总产出和就业水平的变动。长期中，厂商有充足时间对价格和工资进行调整，经济会恢复到其自然率水平上。新凯恩斯 DSGE 模型在 RBC 模型基础纳入更加现实的因素，得到一系列富有成果的结论，代表性研究包括 Yun（1996）、Clarida et al.（1999）、Smets and Wouters（2003、2007）、Christiano et al.（2005）等。2008 年美国金融危机后，学者认识到金融摩擦因素对经济影响的重要性，将不同形式的金融摩擦因素纳入 DSGE 模型中，主要分为三类模型：金融加速器机制模型、抵押约束模型和明确构建银行部门的模型（Roger and Vlcek，

2012）。其中，金融加速器模型基于有成本的状态验证（Costly State Verifica-tion）和违约风险假设，代表性文献主要包括 Carlstrom and Fuerst（1997）、Bernanke et al.（1999）、Christiano et al.（2010）；抵押约束模型则基于契约有限执行力和担保债务假设，代表性文献主要包括 Kiyotaki and Moore（1997）、Iacoviello（2005）、Iacoviello and Neri（2010）以及 Mendicino（2012）；明确构建银行部门的模型通常假设银行服务是有成本的，正如 Roger and Vlcek（2012）指出银行部门模型主要关注三个方面：第一，有代价的银行服务能够内生测定经济周期中利率升水幅度；第二，分析银行资本、银行资产负债表和监管措施三者的关系；第三，分析银行风险管理问题，包括 Atta-Mensah and Dib（2008）、Goodfriend and McCallum（2007）以及 Meh and Moran（2010）等。

3.2.2　动态随机一般均衡模型的基本特点

DSGE 模型作为当今宏观经济问题分析的重要研究工具，因其显性建模框架、理论一致性、坚实的微观基础以及短期与长期研究的自洽性等优点日益受到研究者的青睐。一般来说，DSGE 模型以 Ramsey 模型为基础，描述了微观经济主体在不确定性条件下的优化问题，涉及家庭、厂商和政府等经济主体行为的刻画与描述。具体来说，家庭在跨期预算约束条件下选择消费、劳动供给和储蓄等决策实现其终生效用最大化；厂商则在技术、需求、价格调整等方面的约束下，选择最优的要素需求和产品供给水平等来实现其利润最大化；政府部门则在资源和信息约束下，选择能够实现社会福利最大化的决策。由此，通过将微观经济主体的最优决策方程、行为方程按照一定方式加总得到用于描述整个经济系统的总量方程，用于解释总量现象如消费、投资、失业和通货膨胀等问题，以及用以评价政府财政和货币政策实施效果等问题。

DSGE 模型具有坚实的微观基础、动态、随机和一般均衡等主要特点：第一，动态性。经济主体按照理性预期方式进行决策，不仅要考虑决策对当期的影响，还要考虑对未来各期的影响，体现为模型中有些变量例如消费、利率等是前瞻性的。同时，模型中有些变量是后顾式，表明经济模型中这些变量是与过去相联系的，经济主体在作出决策时自然会受到过去历史的影响，例如某期资本存量是由过去投资积累形成，同样也会影响到未来的资本积累状况。由此，模型中既有前瞻性变量，也有后顾式变量，体现模型的行为方程既与未来相联系也与过去相联系，模型的这种特性必然要求其具有动态性。第二，随机性。现实经济环境存在诸多不确定性因素，经济主体需要在这种环境中作出决策，但对未来的预测并非总是准确的。通常，模型引入技术冲击、政策冲击、油价冲击等众多外生冲击，并假设这些冲击服从一定概率分布且通过特定传导机制影响到模型的主要经济变量，用以逼近现实经济环境的不确定性。第三，一般均衡性。现实经济中，存在无数个不同的经济主体，它们往往是相互影响和相互联系的。为了便于模型构建和分析，模型通常采取一般均衡和代表性经济主体进行分析。具体来说：模型以整个经济体系为研究对象，考虑有代表性的家庭、厂商、政府等行为主体的决策如何通过产品市场、劳动力市场、资本市场等相互联系、相互影响，并最终达到均衡状态，克服了局部均衡分析中先验假设的随意性，使得结论更具有说服力。

3.2.3 动态随机一般均衡模型的求解

通常，DSGE 模型由包含理性预期的家庭和厂商的最优决策行为方程、政府行为方程和市场出清条件等构成的差分方程组来描述，模型求解实质上是消去期望算子，得到内生变量随着时间变化的动态路径，即将内生变量表示成上期变量和当期外生冲击的函数形式。

一般而言，描述 DSGE 模型的差分方程组往往包含非线性方程，这造成得到模型的解析解非常困难甚至模型没有解析解，需要借助数值计算方法得到模型的数值解。目前，DSGE 模型的数值求解方法主要分为两类：一类是直接对非线性方程组进行求解，适用范围广，得到的解精确度高，但是求解非常耗时，有些大型模型甚至花费数小时才能完成模型的求解，主要包括投影法、值函数迭代和政策函数迭代三种方法，可参考 Delong and Dave（2007）的著作；另一类则对模型的差分方程组进行对数变换，并在其稳态附近进行泰勒级数展开，得到模型的近似线性系统。当对模型变量的一阶矩感兴趣时，可以对模型进行一阶近似，该方法被称为对数线性化方法，求解方法主要包括 Blanchard and Kahn（1980）提出的 BK 方法和 Uhlig（1999）提出的待定系数方法、Sims（2002）的 QZ 分解法和 Klein（2000）的广义 Schur 分解法。其中，BK 方法是求解包含理性预期的线性差分方程的最基本方法，而 Sims 和 Klein 的方法可以看作对 BK 方法的扩展，均可以处理矩阵奇异情形。其中，

Klein 将 Blanchard and Kahn（1980）关于前定变量的概念推广；[①]而 Sims 方法则不需要区分前定变量和非前定变量，认为所有标注为第 t 期的变量在第 t 期均是可以观测到的。此外，Uhlig 方法与 BK 方法并不存在本质上的区别，Uhlig 方法运用待定系数方法求解线性差分方程使得模型求解更加简单、清晰。鉴于本书主要采用 DYNARE 软件完成模型的数值模拟，而 DYNARE 软件采用 BK 方法对 DSGE 模型进行求解，这里仅扼要介绍 BK 方法。

根据 Blanchard and Kahn（1980）的做法，将包含理性预期的线性差分方程组的内生变量 $\hat{X}_t$ 区分为前定变量 $\hat{X}_{1,t}$ 和非前定变量 $\hat{X}_{2,t}$。其中，前定变量 $\hat{X}_{1,t}$ 为 n_1 维列向量，第 $t+1$ 期的实际值与第 $t+1$ 期的冲击无关，即 $\hat{X}_{1,t+1} = E_t \hat{X}_{1,t+1}$；而非前定变量 $\hat{X}_{2,t}$ 为 n_2 维列向量，在第 $t+1$ 期的实际值受到当期外生冲击的影响，即 $\hat{X}_{2,t+1} = E_t \hat{X}_{2,t+1} + \varepsilon_{t+1}$。因此，包含理性预期的线性差分方程组具有如下形式：

$$A \begin{bmatrix} \hat{X}_{1,t+1} \\ E_t \hat{X}_{2,t+1} \end{bmatrix} = B \begin{bmatrix} \hat{X}_{1,t} \\ \hat{X}_{2,t} \end{bmatrix} + G\varepsilon_t \qquad (3.1)$$

其中，E_t 表示基于到第 t 期所有可获得信息的数学期望，ε_t 表示差分系统在第 t 期随机冲击的 k 维列向量，模型的结构参数矩阵 A 和 B 分别为 $n \times n$ 阶矩阵，G 为 $n \times m$ 阶矩阵。

当矩阵 A 是非奇异的，根据式（3.1）得到：

$$\begin{bmatrix} \hat{X}_{1,t+1} \\ E_t \hat{X}_{2,t+1} \end{bmatrix} = A^{-1}B \begin{bmatrix} \hat{X}_{1,t} \\ \hat{X}_{2,t} \end{bmatrix} + A^{-1}G\varepsilon_t \qquad (3.2)$$

定义 $W = A^{-1}B$，$P = A^{-1}G$，则存在可逆矩阵 Z，满足 $W = Z^{-1}JZ$。其中，矩阵 J 为 Jordan 标准型：

$$J = \begin{bmatrix} J_1 & & & \\ & J_2 & & \\ & & \cdots & \\ & & & J_l \end{bmatrix}, \quad J_i = \begin{bmatrix} \lambda_i & 1 & & \\ & \lambda_i & 1 & \\ & & \cdots & 1 \\ & & & \lambda_i \end{bmatrix}_{m_i \times m_i}$$

---

① 若随机变量服从 $\xi_{t+1} = X_{1,t+1} - E_t X_{1,t+1}$ 差分鞅过程，当 $\xi_{t+1} = 0$ 时即为 Blanchard and Kahn（1980）的定义。

其中，λ_1，λ_2，$\cdots$，λ_l 表示矩阵 W 的 l 个不同的特征值即满足行列式 $|W - \lambda I| = 0$，特征值 λ_i 是 m_i 的重解，矩阵 Z 则由与矩阵 W 的特征值相对应的特征向量构成。进一步对矩阵 W 的 l 个 Jordan 块 J_i 进行重排，使得特征值 λ_1，λ_2，$\cdots$，λ_l 按照其绝对值从小到大排列。不失一般性，假设特征值满足 $|\lambda_1| < |\lambda_2| < \cdots < |\lambda_l|$，重新对矩阵 J 划分，得到：

$$J = \begin{bmatrix} J_s & 0 \\ 0 & J_u \end{bmatrix}$$

其中，矩阵 J_s 是由 W 的特征值在单位圆上或在单位圆内组成的对角矩阵，矩阵 J_u 是由 W 的特征值在单位圆以外组成的对角矩阵。显然，当 n 增大时，J_u^n 将发散。因此，矩阵 J_u 是不稳定的。此时，根据矩阵 J 的划分，对矩阵 Z 和 P 作相应分块处理：

$$Z = \begin{bmatrix} Z_{11} & Z_{12} \\ Z_{21} & Z_{22} \end{bmatrix}, \quad P = \begin{bmatrix} P_1 \\ P_2 \end{bmatrix}$$

根据 Blanchard and Kahn（1980）的研究：当单位圆以外的特征值数目等于模型非前定变量的数目时，线性差分方程组是鞍点路径稳定的，且模型存在唯一的解，该条件被称为 BK 条件；当单位圆以外的特征值的数目大于模型非前定变量的数目时，模型不存在解；而当单位圆以外的特征值的数目小于模型非前定变量的数目时，模型存在无穷多个解。

当包含理性预期的线性差分方程组（3.2）满足 BK 条件时，将 $W = Z^{-1}JZ$ 代入得到：

$$\begin{bmatrix} \hat{X}_{1,\, t+1} \\ E_t \hat{X}_{2,\, t+1} \end{bmatrix} = Z^{-1}JZ \begin{bmatrix} \hat{X}_{1,\, t} \\ \hat{X}_{2,\, t} \end{bmatrix} + \begin{bmatrix} P_1 \\ P_2 \end{bmatrix} \varepsilon_t \qquad (3.3)$$

在方程组（3.3）两边同时左乘以 Z 得到：

$$\begin{bmatrix} \hat{X}_{1,\, t+1}^* \\ E_t \hat{X}_{2,\, t+1}^* \end{bmatrix} = \begin{bmatrix} J_s & 0 \\ 0 & J_u \end{bmatrix} \begin{bmatrix} \hat{X}_{1,\, t}^* \\ \hat{X}_{2,\, t}^* \end{bmatrix} + \begin{bmatrix} D_1 \\ D_2 \end{bmatrix} \varepsilon_t \qquad (3.4)$$

其中，$\begin{bmatrix} \hat{X}_{1,\, t}^* \\ \hat{X}_{2,\, t}^* \end{bmatrix} = \begin{bmatrix} Z_{11} & Z_{12} \\ Z_{21} & Z_{22} \end{bmatrix} \begin{bmatrix} \hat{X}_{1,\, t} \\ \hat{X}_{2,\, t} \end{bmatrix}$，$\begin{bmatrix} D_1 \\ D_2 \end{bmatrix} = \begin{bmatrix} Z_{11} & Z_{12} \\ Z_{21} & Z_{22} \end{bmatrix} \begin{bmatrix} P_1 \\ P_2 \end{bmatrix}$

根据方程组（3.4）得到：

$$E_t \hat{X}_{2,\, t+1}^* = J_u \hat{X}_{2,\, t}^* + D_2 \varepsilon_t$$

利用滞后算子 L 运算，并注意到 J_u 由矩阵 W 的所有单位圆以外的特征值构成，进而得到 $\hat{X}_{2,t}^*$ 的前向解（Forward-Looking Solution）：

$$\hat{X}_{2,t}^* = (L^{-1} - J_u)^{-1} D_2 \varepsilon_t = -(I - L^{-1}J_u^{-1})^{-1} J_u^{-1} D_2 \varepsilon_t = -\sum_{j=0}^{\infty} J_u^{-j-1} D_2 \varepsilon_{t+j}$$

当序列 $\{\varepsilon_t\}$ 是稳定的，则 $\hat{X}_{2,t}^*$ 的前向解是收敛的，利用 $\hat{X}_{2,t}^*$ 和 $\hat{X}_{2,t}$ 关系不难得到：

$$\hat{X}_{2t} = -Z_{22}^{-1}Z_{21}\hat{X}_{1t} - Z_{22}^{-1}\sum_{j=0}^{\infty} J_u^{-j-1} D_2 E_t \varepsilon_{t+j} \tag{3.5}$$

根据方程组（3.3）得到：

$$\hat{X}_{1,t+1} = W_{11}\hat{X}_{1t} + W_{22}\hat{X}_{2t} + P_1\varepsilon_t \tag{3.6}$$

其中，矩阵 W_{11} 和 W_{22} 是按照 $\hat{X}_{1,t}$ 和 $\hat{X}_{2,t}$ 的大小对矩阵 W 作相应分块得到。由此，包含理性预期的线性差分方程组（3.1）的解为式（3.5）和（3.6）。当外生冲击 ε_t 服从一阶自回归过程：$\varepsilon_t = \rho\varepsilon_{t-1} + e_t$。其中，$e_t$ 服从正态分布，则式（3.5）和（3.6）可以进一步整理为：

$$\hat{X}_{2t} = -Z_{22}^{-1}Z_{21}\hat{X}_{1t} - Z_{22}^{-1}(1 - J_u^{-1}\rho)^{-1} J_2^{-1} D_2 \varepsilon_t$$

$$\hat{X}_{1,t+1} = (W_{11} - W_{22}Z_{22}^{-1}Z_{21})\hat{X}_{1t} + (D_1 - W_{22}Z_{22}^{-1}(1 - J_u^{-1}\rho)^{-1} J_u^{-1} D_2)\varepsilon_t$$

3.2.4 动态随机一般均衡模型的参数估计

DSGE 模型涉及大量参数，通常参数赋值可以通过校准（Calibration）、极大似然估计（Maximum Likelihood Estimation，ML）、广义矩方法（Generalized Method of Moments，GMM）、模拟矩方法（Simulalated Method of Moments，SMM）和贝叶斯估计（Beyesion Estimation）等方法得到。考虑到本书主要使用校准方法进行参数赋值，这里仅对校准方法作简要介绍，其他方法可参考刘斌（2008）的著作。

校准方法最初是由 Kydland and Prescott（1982）在其开创性论文中使用的，其主要思想：根据模型的稳态特性以及可利用的实际数据，校准模型参数值使得模拟结果与实际数据相吻合，以便模型能够更好地描述现实经济的特征事实。具体来说，模型有些参数例如国民收入中劳动份额等可以根据微观经验数据来确定；有些参数例如主观贴现率可以根据家庭跨期消费欧拉方程的稳态均衡条件得到；有些参数不能够直接观察得到，对这些参数的赋值应该使得模型中相关变量的稳态值近似等于实际数据中的观测值。例如校准某些参数使得模型稳态水平下劳动时间占总时间的 1/3，即劳动者每天工作 8 小时。同样，在对模型外生冲击的概率分布的设置时，应使得通过模型模拟产生的变量方差和协方差与实际数据尽可能匹配。该方法所选择的参数值不具有统计意义上提供的最优拟合，能够避免很难给予经济解释的统计假设检验的拒绝或接受。

第三节　国内动态随机一般均衡模型 应用研究的文献综述

鉴于本书是在基本的动态随机一般均衡模型中纳入中国经济所特有的影响因素基础上，进而对中国经济波动出现的平稳化趋势进行研究，本节对国内学者利用上述方法的研究现状进行文献综述。相对西方发达国家来说，国内利用 DSGE 模型研究经济问题起步较晚，大致在 2000 年以后，利用 DSGE 模型对经济问题进行分析主要涉及经济波动和经济政策两方面。

3.3.1　经济波动分析

鉴于 RBC 模型能够较好地解释发达国家的经济波动，而模型描述的环境与中国实际状况相差甚远，中国学者从不同角度对基本的 RBC 模型进行改进以加大其解释中国经济波动的力度：黄赜琳（2005）将政府消费纳入基本的 RBC 模型中，认为政府支出对家庭消费具有替代和财富效应，政府支出增加会替代家庭消费，而财富效应改变家庭劳动供给，通过闲暇跨期替代渠道将政府冲击传播和放大，数值模拟发现，政府冲击和技术冲击能够解释中国经济波动 70% 以上，但未对政府冲击是否为经济波动的重要来源进行探讨。许伟和陈斌开（2009）在 RBC 模型中引入银行部门分析银行信贷和价格粘性因素对中国经济波动的影响，发现信贷、货币冲击对于解释中国经济波动有重要影响，模型能够解释中国经济波动 80% 以上，然而模型没有对政府和银行行为进行细致分析。陈晓光和张宇麟（2010）将家庭和企业在信贷约束方面的异质性引入 RBC 模型，研究发现信贷约束渠道对中国经济波动有重要影响，并且政府消费冲击是影响经济波动的重要冲击，但是模型中技术冲击是以全要素生产率衡量的中性技术进步。陈师和赵磊（2009）在 RBC 模型中引入非中性的投资专有性技术冲击，并在模型中引入内生的可变资本利用率机制对非中性技术冲击起到放大和传播的作用，表明投资专有性冲击是造成经济波动的重要因素，但是模型以不可分劳动基础与其他文献不具有可比性。徐舒等（2011）则将技术扩散冲击和内生技术选择因素纳入 RBC 模型中，认为技术扩散作为中国技术提升的重要来源，主要通过设备和技术引进和额外的资金投入以将技术吸收的方式影响企业研发投入，数值模拟显示模型能够解释产出波动的 83.3%，而技术扩散冲击通过影响企业研发投入得到放大且能够解释相对经济波动的 29.3%。孙宁华和曾磊（2013）将制度变迁因素引入 RBC 模型中，研究发现模型能够解释产出波动的 94.4%、投资波动的 66%，同时制度冲击对经济的影响更加持久，但是 RBC 模型描述的是完善市场环境，制度因素直接引入到生产函数中是否合理有待商榷。刘兰凤和袁申国（2012）在 DSGE 模型中引入金融加速器机制和粘性价格因素分析中国经济波动，证实中国信贷市场摩擦引起的金融加速器机制起到放大和传播了外生冲击对投资和产出的影响，认为包含金融加速器机制的模型比标准的宏观经济模型解释经济波动的能力更大，达到 70%以上。庄子罐等（2012）则将预期冲击引入到 RBC 模型中，认为经济主体的决策信息集不仅依赖于当期和过去时期的信息，还受到各类冲击信息的影响，数值模拟显示预期冲击是当前中国经济波动的主要驱动力，能够解释经济波动的 2/3 以上。王国静和田国强（2014）则通过假设金融冲击影响厂商贷款约束状况的方式将金融冲击纳入 RBC 模型中，数值模拟显示金融冲击能够解释产出波动的 80%左右。不过，上述研究没有对中国经济波动的阶段性变化给予解释。詹新宇和方福前（2012）以陈晓光和张宇麟（2010）模型为基础，认为国有经济改革引起的国有企业利润目标和规模目标是引起中国经济出现平稳化趋势的重要原因。詹新宇（2014）则将区域经济政策因素纳入 RBC 模型中，认为中国区域经济协调发展政策导致经济波动出现平稳化趋势。上述研究主要基于单部门（即单一产品）的模型研究中国经济波动问题，王佳和张金水（2011）将投入产出结构引入 DSGE 模型中构建了七部门模型，由此，外生冲击通过推动作用、拉动作用和替代作用三种机制影响部门产出，脉冲响应显示制造业带动经济效果明显，而建筑业和房地产业对经济的带动效应较小。进一步，王佳等（2013）在七部门 DSGE 模型中引入资本品的不可替代性和劳动的不完全替代性，脉冲响应显示各部门产出的共变性更多体现为总量冲击，多部门模型的部门冲击对总产出影响能够通过单部门模型进行刻画。

3.3.2　货币政策

国内利用 DSGE 模型研究主要涉及货币政策规则选择、货币政策传导渠道等问题。对于货币政策规则选择问题主要涉及货币数量规则和价格规则选择问题、价格规则，即利率规则是否应该包含除产出和通胀两种因素外更加广泛的因素。

针对货币数量规则和价格规则选择问题，学者通过比较不同条件下外生冲击的脉冲响应图和福利损失，普遍认为价格型货币政策稳定经济的效果更加明显且造成的福利损失更小，更适合于现阶段中国经济。许志伟等（2010）研究了企业投资融资约束条件下选择问题，马文涛（2011）研究了包含金融加速器机制、粘性工资和消费习惯下的选择问题，张杰平（2012）则研究了开放经济条件下的选择问题。不过，上述研究并没有对中国经济适合于价格型货币政策的原因进行探究，胡志鹏（2012）研究表明，金融创新、直接融资的发展等使得中国货币需求函数不稳定，是导致货币数量规则稳定、经济的效果变差的原因，同时货币价格规则调控经济的条件已经成熟。此外，唐文进等（2014）认为，两种类型的货币政策对不同类型的冲击调控效果存在差异，价格型货币政策对技术冲击和贸易冲击调控更有效，而对于消费需求冲击而言，数量型货币政策更有效。

针对利率规则是否应该包含除产出和通胀两种因素外更加广泛的因素，学者也进行了广泛研究，基本研究结论为货币政策除了关注产出和通货膨胀外，还应该关注其他重要因素。楚尔鸣和许先普（2012）通过资本调整成本方式引入资产价格因素，谢绵陛（2013）则考虑是否将股票财富效应纳入到货币政策，陈利锋和范红忠（2014）则讨论将房地产供给和房价因素是否纳入货币政策，刘宗明（2013）则研究了是否将劳动力市场因素纳入货币政策中。此外，岳娟丽和徐晓伟（2014）利用新凯恩 DSGE 模型研究了利率市场化背景下中国货币政策目标利率选择问题，通过比较不同目标利率调控下的社会福利损失大小，认为货币政策以债券质押回购利率为调控目标对经济的稳定效果更好，社会福利损失更小。

针对货币政策传导渠道而言，王艺明和蔡昌达（2012）将成本传导机制纳入新凯恩斯 DSGE 模型中，通过比较不同情形下利率冲击对主要经济变量的脉冲响应图，发现紧缩性货币政策能够在长期中降低通胀率，而对实际产出、消费等表现出长期中性，成本传导机制自身的不确定增加了货币政策稳定经济的困难。毛彦军等（2013）构建了包含商业银行的新凯恩斯 DSGE 模型，并引入家庭消费约束，通过比较不同消费约束情形下货币政策冲击对产出和消费的动态影响，认为消费约束减弱了货币政策调控经济能力，使得货币政策有效性降低。金中夏等（2013）通过货币先行的 DSGE 模型研究了中国货币政策传导的利率渠道，认为名义利率的提高会导致实际存款利率提高，使得企业投资成本上升，对企业投资起到抑制作用，同时促使消费占 GDP 比重上升，这种经济结构的变动有利于增强整体经济的稳定性。

3.3.3　财政政策

国内利用 DSGE 模型研究财政政策宏观经济效应主要是在美国金融危机之后。王文甫和朱保华（2010）首先利用 VAR 模型发现，我国政府支出增加能够提高产出和就业，并对消费和投资产生挤入效应，然后通过将 RBC 模型的效用函数和生产函数分别引入政府消费性支出和生产性支出来刻画政府支出的正外部效应。同时，政府支出增加会导致税收增加，对家庭产生负的财富效应，引起消费和投资水平的下降。因此，政府财政支出的宏观效应。依赖于政府支出的正外部和负财富效应的大小，模型脉冲响应表明模型中政府支出的正外部效应大于负的财富效应，能够很好地解释财政支出的宏观效应。但是完全竞争市场环境下的 RBC 模型存在李嘉图等价问题，政府支出对家庭产生负的财富效应，使其具有挤出效应，明显与实际经济事实不符，并且未考虑到税收等政策工具的影响。王文甫（2010）则进一步构建了家庭具有信贷异质性的新凯恩斯 DSGE 模型，通过比较不同情形下财政支出和税收冲击对主要宏观变量的脉冲响应图，发现模型中家庭流动性约束和政府支出的正外部效应使得政府支出对消费具有正效应，消除了政府支出对消费的负财富效应，能够解释中国财政支出对消费和产出的挤入效应以及税收对消费和产出的负效应。罗英和聂鹏（2011）则在包含金融加速器机制的粘性价格新凯恩斯 DSGE 模型中考虑政府支出和税率的宏观效应，脉冲响应显示政府支出对消费和投资具有挤入效应，资本所得税率冲击导致消费下降而导致投资增加。杨慎可（2013）则利用包含金融加速器的具有粘性工资和粘性价格的新凯恩斯 DSGE 模型研究政府支出类型对产出、消费和投资等主要变量的动态影响，通过比较不同情形的脉冲响应图发现：当政府支出和政府公共投资增加时，短期内能够提高产出水平并对消费和投资具有挤出效应，而在长期中政府公共投资增加对产出的影响更大，对消费和投资的挤出效应更小，金融加速器效应则加剧了不同政府支出类型对投资的挤出效应，同时放大了对产出的影响。王文甫和王子成（2012）在开放条件下的新凯恩斯 DSGE 模型中引入消费习惯和政府支出的正外部性因素，脉冲响应表明消费习惯和政府支出的正外部性是解释中国财政支出对出口的挤入效应的重要因素。朱军（2013）同样在开放经济条件下的 RBC 模型对不同财政规则的有效性、稳定效应进行了分析，通过比较分析不同财政规则下财政支出冲击对产出、消费、劳动和债务的脉冲响应图，发现开放经济条件下财政支出的乘数效应较小，包含债务控制的财政规则稳定经济效果明显。胡永刚和郭长林（2013）则将具有主动型财政规则即财政规则对产出和通货膨胀的反馈机制纳入新凯恩斯 DSGE 模型中，探讨外生型财政规则和主动型财政规则对家庭消费的影响，研究发现在主动型财政规则下，政府财政支出通过财富效应和预期效应渠道对消费产生影响。其中，预期效应只有在财政政策对产出和通货膨胀的反应达到一定临界值时，才能够导致财政支出对消费产生挤入效应。郭长林等（2013）进一步考虑政府偿债方式对消费的影响，通过在新凯恩斯 DSGE 模型中引入对产出具有反馈机制的财政支出和对政府债务水平具有反馈机制的税收，研究发现政府偿债方式主要通过财富效应、替代效应和政策反馈效应渠道对消费产生影响。王国静和田国强（2014）则考虑长期中政府支出乘数大小，通过将政府支出区分具有替代性质的政府消费和正外部性的政府投资，并考虑了财政政策的内生性，从而构建了能够体现中国经济特征的 DSGE 模型，数值模拟和计算得到长期中中国政府消费支出乘数为 0.7904，而投资乘数为 6.1130。

不过，上述研究中没有考虑货币政策和财政政策的相互影响，万解秋和徐涛（2011）在开放条件下的 RBC 模型中引入由金融危机引起的外部冲击，研究财政政策对货币政策效率的影响，通过脉冲响应图和方差分解发现财政支出冲击会造成货币扩张效应明显，而货币政策冲击对消费、投资和净出口影响较小，认为财政支出通过对国有企业投资行为产生影响，降低了货币政策执行效率。简志宏等（2011）在包含货币政策的 DSGE 模型中研究了不同财政支出类型的乘数效应，脉冲响应显示政府购买支出和公共投资对私人消费和私人投资具有挤出效应，敏感性分析发现较低公共资本产出弹性是财政支出产生挤出效应的经济结构性原因。然而当货币政策对通货膨胀的响应降低并对产出响应增强时，财政支出对私人消费和私人投资的效应会由挤出效应转变为挤入效应。朱柏松等（2014）进一步将货币政策和财政政策的联动机制引入新凯恩斯 DSGE 模型中，研究发现货币政策和财政政策均对彼此冲击具有正向效应，货币政策和财政政策的联动机制具有非对称的宏观经济效应且能够改善产出和通胀之间替代关系，增强宏观经济的稳定性。

第四节　相关研究评述

本章首先对国内外关于经济平稳化趋势的解释进行了文献综述，发现国外学者主要以美国等主要发达国家为研究对象，从不同角度考察并构建了相应理论来解释经济波动的平稳化趋势。不过，这些理论皆以完善的市场经济环境为背景，与中国实际情况相差甚远，直接套用来解释中国波动的平稳化趋势会产生"水土不服"；而国内学者对经济波动的平稳化趋势研究大部分采用定性描述和计量分析，由于缺乏严谨的理论模型指导，在计量模型中选取变量的差异会使得结果产生误导性，而极少数学者如詹新宇和方福前（2012）、詹新宇和甘凌（2013）、詹新宇（2014）采取 DSGE 模型进行研究，但对中国经济所具有的特殊性如经济体制由高度集中的计划经济向市场经济转变、政府对经济的深度干预、所有制结构的二元化（国有经济和非国有经济）、金融体系和货币政策尚处于完善之中、产业结构仍然存在深层次矛盾等问题缺少足够的重视。因此，本书在 DSGE 模型框架下进行修正以考虑中国经济具有的自身特性，进而分析中国自身经济运行机制改善对经济波动的影响。其次，本章简要介绍了 DSGE 模型的发展历程、DSGE 模型的基本特点、线性 DSGE 模型的数值求解方法——BK 方法和校准方法，为第四至七章的理论模型奠定了方法论的准备。最后，本章对国内关于 DSGE 模型的研究现状进行了相应综述，发现现有研究对中国经济波动出现的阶段性变化缺乏足够重视，缺少对经济制度的充分关注，缺乏严谨的理论分析预算约束硬化对企业投资的影响，缺少分析货币政策、产业结构与经济波动相互关系的研究，鲜有对产业间的技术差异进行分析。此外，模型参数校准缺少统一标准，不便于比较分析不同模型的结论。

第四章 市场化与中国经济波动的平稳化

第一节 引 言

根据第二章分析，投资是影响产出波动的主要因素，并通过影响资本存量进而带动产出的波动，而投资波动在一定程度上反映了中国经济体制的转变：由计划经济体制向市场经济体制转变，市场因素逐步壮大，价格机制在资源配置中的作用日益显著，政府干预经济的程度逐步减弱，使得经济波动日益呈现市场型波动特征。现有研究已有少数学者尝试从制度角度对中国经济波动的影响进行研究，得出了一些有益的初步结论，但同时存在一定不足之处：

首先，缺少对经济制度的充分关注。1994 年后，中国市场化改革由增量改革时期进入全面改革时期，市场化程度不断提高，政府干预程度则逐步减弱，微观主体经济效率和资源配置效率得到极大改善。市场化程度作为经济制度，正如 Acemoglu et al.（2003）所言："尽管其他因素也是产生经济波动的原因，但制度是最为根本的原因。"市场化程度的提高使得企业偏离利润目标受到限制，同样，政府干预导致企业追求产出规模的程度降低，在一定程度上抑制了企业的投资冲动，促使投资趋于理性。

其次，缺乏对外生冲击通过投资传导和放大并引起产出波动的具体机制进行细致分析。刘瑞明（2009）指出，以政府控制国有银行体系的信贷体制导致企业过度投资并产生金融加速器的效应。因此，金融加速器机制是外生冲击的重要放大机制。根据 Bernanke et al.（1999）分析，金融加速器机制是指企业家和银行在资本收益率方面存在信息不对称，企业家无须花费任何代价观察到资本收益，而银行需要支付一定成本才能观察到资本收益。这样，借贷双方监督成本和违约风险的存在必然使得企业外部融资升水幅度与其资产净值的比率成反比例关系，而企业的净资产具有顺周期性，使得企业外部融资升水内生化并且具有逆周期性。因此，经济在遭受到不利冲击时，金融加速器机制使得企业投资大幅减少，从而造成产出波动的增大。

对于第一个不足之处的处理是在理论模型中引入市场化指标。考虑到市场经济条件下生产者必须以利润最大化为目标，否则会遭到市场淘汰，通过将企业的经营目标描述为利润与规模的加权平均即 $\theta\Pi_t + (1-\theta)Y_t$，并以生产者赋予利润的权重参数 θ 大小作为衡量中国市场化水平的代理变量；对于第二个不足之处的处理则将金融加速器机制引入理论模型中，进而分析不同市场化水平下，金融加速器机制通过资产负债表渠道放大企业投资波动进而影响经济波动的程度。

本章的具体安排如下，第二节对市场化、政府干预与经济波动的联系进行理论分析，第三节构建包含市场化因素和金融加速器机制的 RBC 模型，第四节介绍数据来源并对参数进行校准赋值，第五节对模型进行数值模拟与分析，第六节总结本章主要内容与政策启示。

第二节　理论机制分析

4.2.1　中国市场化改革回顾[①]

自 1978 年改革开放以来，中国的市场化进程大致可以分为两个阶段：第一阶段是增量改革时期，大致在 1979 年至 1993 年之间；第二阶段则自 1994 年之后，中国进入全面改革时期。在市场化进程中，中国经济中的市场性因素逐步壮大，同时计划性因素逐步减弱，政府由经济活动直接参与者或私人经济活动间接干预者向经济调节和监督者转变，尊重市场规律，更多地运用经济手段、法律手段对市场经济活动进行调节，而不是直接运用行政手段，充分发挥了市场机制在资源配置中的决定性作用，实现了传统计划经济体制向社会主义市场经济的根本性转变。

在增量改革时期，改革的重点放在非国有部门，而国有经济不进行重大变革。在此时期，中央对市场经济的认识从"计划经济为主、市场经济为辅"

[①] 本小节主要概览性回顾中国市场化历程，强调市场化改革塑造了以市场为导向的微观经济主体；而第五至六章则分别细致回顾了企业预算约束、货币政策，侧重点有所不同。

逐步转变为"有计划的商品经济"，市场机制的调节作用从最初"辅助作用"转变为强调计划和市场相互统一，明确改革就是要逐步建立计划经济与市场调节相适应的运行机制。不过，政府对微观经济主体的行政性干预程度仍占统治地位，但市场机制的调节作用在逐步加强。具体而言，国有经济主要在放松计划控制和强化物质刺激两方面进行企业自主权的扩大。1978 年 10 月采取"放权让利"措施，到 1980 年年末采取企业承包制，此后还实施过利改税、租赁制、利税分流、股份制等改革，改革取得了一定成效，但基本上没大的改革动作。农村地区则开展和推广家庭联产承包责任制，农民具有了自主的经营和管理权，激发了农民的生产热情，促使农业生产在短期内得到恢复和发展。这一转变带来了农地产权制度发生一系列变革，同时塑造了以市场为导向的集体所有制为主的乡镇企业。在发展民营经济方面，从最初允许个体劳动的存在，到 1983 年事实上取消了对私人企业雇员人数的限制，再到 1987 年党的十三大报告中明确鼓励发展个体经济和私营经济的方针。此后，民营经济获得快速发展，在国民经济中份额逐步壮大。到 20 世纪 80 年代末期，私人经济已获得举足轻重的地位。此外，中央政府先后建立 5 个经济特区并开放沿海 14 个港口城市，外资企业也逐步发展起来。在此阶段，由于国有经济和私有经济双轨的存在，产生了生产资料分配和价格的双轨制，一直持续到 20 世纪 90 年代初双轨制才结束，实现了价格并轨。在双轨制下，正如国家经济体制改革委员会体制改革研究所 1986 年的一份报告指出："企业无论是增加或减少产品或投入品，其增减变化部分的价格实际是按市场价格计算的。这也就意味着，市场价格事实上已对企业的边际产出和投入发生了决定性作用，通过这种边际作用，形成了调整短期供求的信号和影响力量。"（吴敬琏，2010）这说明市场价格的资源配置功能开始起作用并逐渐扩大。与此同时，中国金融体系开始逐步建立，1978 年 1 月中国人民银行从财政部分离出来。此后，政府先后建立了各类专业银行、多种形式的银行以及非银行金融机构，这些机构尝试按照市场规则开展金融活动。但是这些专业银行和金融机构受到中央银行的管理，缺乏独立性，而且受到各级政府的行政限制。中国人民银行往往受到政府发展经济目标的影响，采取扩张性货币政策支持经济发展，并将行政性贷款额度作为货币政策操作的主要手段。这些因素使得其宏观经济管理效果很不理想。

　　在全面推进改革时期，从党的十四大确定了建立社会主义市场经济的改革目标，到十四届三中全会对建立社会主义市场经济体制作出总体规划，再到十六届三中全会对完善社会主义市场经济的各项任务进行全面部署，再到十八届三中全会对深化经济体制改革作出战略性部署。该时期市场机制实现了从"在资源配置中发挥广泛的作用"到"在资源配置中发挥基础性作用"，再到"在资源配置中起决定性作用"的转变。其中，1997年中国首次出现有效需求不足现象，意味着中国经济从卖方市场向买方市场转变，经济供给能力出现相对过剩，需求成为经济的决定性因素，价格机制可以基本完成资源配置的功能。自1994年开始，国有企业改革由放权让利转向企业制度创新，建立所有权与控制权相分离的现代公司。国有企业从开始转变为国有独资公司，再转变为多元化股权结构公司，使其真正成为自主经营、自负盈亏、有效治理的现代公司，促使其真正成为自主经营、自负盈亏的市场经济微观主体。此外，国有企业从一般性竞争部门退出，向国有经济需要发挥控制力的战略部门集中，对中小型国有企业进行改制，涌现出大批具有活力的具有市场特性的私有企业。从1998年以后，政府开始大力扶植民营企业，改善民营经济的经营环境，如取消进入限制、改善融资环境等，使得民营企业获得迅速发展。在对外开放吸引外资方面，进一步加大开放力度，使得外资企业在内陆地区同样发展起来。此外，对中国金融-银行体系进行改革，在20世纪90年代，将之前的专业银行转变为国有独资的商业银行，并增设非国有独资的股份制银行，再到21世纪初对商业银行进行改制，使得商业银行独立性明显增强，各级分行受到政府的干预减少。同样，中国人民银行在国务院的领导下独立执行货币政策，货币政策执行实行中央一级调控，并由总行派出机构实行跨行政区域设置。总体而言，在上述至今一直持续的改革过程中培育了具有市场特性的企业主体，它们按照市场法则进行生产经营活动，受到的政府行政干预较小。同样，商业银行和中央银行受到各级政府的干扰也在减弱。

4.2.2 市场化、政府干预与宏观经济波动机制分析

在中国政治体制下，官员的任免通常由上级决定，官员的政绩考核往往以具体的量化经济指标衡量。为获得上级政府认可，政府官员会理性追求地方经济高速发展。由于总产出依赖于总需求水平，消费、投资、政府支出以及净出口构成国民经济的总需求，在市场发展程度不高的情形下，居民购买各种日常生活用品往往需要政府发行的各种票证。这种情况一直持续到20世纪90年代初，票证退出历史舞台。这导致了居民收入增加而消费水平变化不大。因此，要想获得较高的经济增长速度，政府一般通过扩大投资和政府支

出来增加总需求。此时，政府往往会直接干预国有企业投资水平或者通过政策手段刺激私人企业投资。投资的高增长依赖于充足的金融资源。事实上，中国企业投资主要源于银行贷款。由于国有银行的信贷计划往往会受到政府行政性干预，使得企业相对容易获得廉价的贷款，进而导致投资和信贷过度扩张，引起经济过热。这种以政府控制国有银行体系的信贷体制导致企业过度投资并产生金融加速器效应（刘瑞明，2009）。经济过热导致中央政府采取宏观"微调"措施力图实现"软着陆"。然而地方政府出于政绩的考虑，往往会出现经济紧缩前的投资冲刺现象，例如加班加点开工建设、突击审批项目等，导致中央政府出台的宏观"微调"政策失效，经济呈现"峰长"特征，迫使中央政府采用行政性紧缩信贷政策，并在金融加速器机制下导致投资水平急剧下降，经济过热现象得到遏制，收到立竿见影的效果，但造成经济活动过度收缩。正如赵振全等（2007）指出，相同的外生冲击下，信贷紧缩状态下的经济波动反应比信贷宽松状态要强烈。此外，地方政府在中央政府紧缩政策前的投资冲刺行为为下一轮经济复苏奠定了基础，帮助其尽快走出经济衰退时期，这使得经济波动具有"谷短"特征。因此，在市场化程度不高和政府干预经济程度较高的情形下，企业主体决策往往受到政府行政性干预，背离其最优投资法则，并受到金融加速器效应影响导致投资水平过度波动，进而造成经济过度波动，也使得中央政府宏观"微调"政策往往不能实现经济"软着陆"的目的。

伴随着市场经济的不断壮大和政府干预企业程度的减弱，经济波动越来越呈现市场型波动特征。具体来说，上一时期地方政府影响企业投资并通过金融加速器机制放大投资波动的效应仍然存在，但是已经明显减弱。具有市场特性的微观企业数目日益增多，企业利润目标更加明确，而获得优惠性贷款更加困难，使得企业对宏观政策调整反应更加敏感。当经济出现过热征兆时，中央政府采取宏观"微调"政策，如提高利率政策，使企业融资成本提高，投资水平下降。与此同时，利率水平的提高导致资产价格下降，进而企业资产净值下降，引起企业外部融资风险升水提高，导致投资进一步减少，产生"加速效应"。此时，投资过热得到遏制，产出下降。在经济处于衰退情形下，政府采取宽松货币政策降低企业外部融资成本，提高企业的预期利润，促进企业增加投资，使得宏观经济较快触底反弹。因此，在市场化程度不断提高下，中国宏观经济波动更多呈现市场型经济波动特征，经济波动由原来的"高位波动"转变为"波幅收窄"的平稳化。

综上所述，中国市场化水平的提高，政府干预经济的减弱使得中国经济波动呈现阶段性特征：在 1994 年之前，中国经济中市场因素比较弱，价格机制在资源配置作用较弱，政府干预经济明显，企业决策受到严重扭曲，造成经济呈现"高位波动"特征；而 1994 年后中国社会主义市场经济初步建立并逐步完善，政府干预减弱，价格机制在资源配置中作用日益重要，企业决策日益自主，经济波动日益呈现市场型波动特征并出现"波幅收窄"的平稳化特征。

第三节　理论模型构建

针对中国市场化水平不断提高和政府干预程度减弱的事实，本章在基本的 RBC 模型中引入金融加速器机制和市场化因素，以此分析中国经济波动问题。具体来说，模型主要涉及家庭、产品生产者、资本生产者、企业家、银行和政府六个主要部门。

4.3.1　家庭

假设永久性存活的代表性家庭每期选择消费 C_t、劳动供给 L_t 和储蓄水平 a_t，以实现终生效用水平最大化：

$$E_0 \sum_{t=0}^{\infty} \beta^t \left[\frac{EC_t^{1-\sigma}}{1-\sigma} + \xi \ln(1-L_t) \right]$$

其跨期预算约束：

$$C_t + a_t = w_t L_t + R_{t-1} a_{t-1} + \pi_t + tre_t - T_t$$

其中，E 表示期望算子，β 表示家庭主观贴现因子，σ 表示相对风险厌恶系数，ξ 表示消费和闲暇的相对权重，EC_t 表示第 t 期有效消费数量，L_t 表示第 t 期劳动供给水平，a_t 表示第 t 期的储蓄水平，w_t 表示第 t 期的实际工资，R_t 表示从第 t 期到第 $t+1$ 期的储蓄总收益率。因此，家庭在第 t 期的净收入包括劳动收入 $w_t L_t$、储蓄的总收益 $R_{t-1} a_{t-1}$、拥有企业所有权获得的利润额 π_t、家庭对企业家的净转移支付 tre_t 以及向政府缴纳一次总付税收 T_t。这里，$tre_t = (1-p) N_t - w^e$。

鉴于政府消费会对家庭效用水平产生影响，遵循 Christiano and Eichenbaum（1992）做法，假设家庭的有效消费是政府和家庭消费的线性函数：

$$EC_t = C_t + \eta G_t \tag{4.1}$$

其中，参数 η 表示政府消费对家庭消费的替代程度。

求解上述问题得到代表性家庭的最优化条件：

$$EC_t: \qquad \frac{1}{EC_t^\sigma} = \beta E_t \frac{R_t}{EC_{t+1}^\sigma} \tag{4.2}$$

$$L_t: \qquad \frac{w_t}{EC_t^\sigma} = \frac{\xi}{1 - L_t} \tag{4.3}$$

4.3.2　产品生产者

产品生产者向企业家租赁资本品，并向家庭雇佣劳动，进而利用规模报酬不变的柯布－道格拉斯技术进行生产：

$$Y_t = A_t K_{t-1}^\alpha L_t^{1-\alpha} \tag{4.4}$$

其中，$\alpha \in (0, 1)$ 表示资本收入份额。A_t 表示经济的中性技术冲击且服从 AR（1）过程：$\log(A_t) = \rho_a \log(A_{t-1}) + \varepsilon_{at}$，$\rho_a \in (-1, 1)$ 为 AR（1）的系数，ε_{at} 服从均值为零且标准差为 σ_a 的正态分布。

市场经济条件下生产者必然追求利润最大化，否则会遭到市场淘汰。正如本章第二节分析，中国市场经济体制非常不健全，地方政府追求经济高速发展，往往会干预微观企业，导致企业偏离利润目标。实质上，政府追求经济总量会导致生产者部分追求产量目标，借鉴詹新宇和方福前（2012）做法，将生产者目标描述为利润与规模的加权平均：

$$\max_{L_t, K_{t-1}} \theta \Pi_t + (1 - \theta) Y_t$$

其中，产品生产者的利润函数可以表示为：

$$\Pi_t = Y_t - w_t L_t - r_t K_{t-1}$$

其中，参数 θ 表示生产者赋予利润的权重，用来衡量中国市场化水平。伴随着市场化水平的提高，自主性企业数目增多，政府直接行政性干预企业生产，如制定生产计划等的程度下降，企业会赋予利润目标越来越大的权重，日益成为自主经营、自负盈亏的市场经济微观主体。

求解上述问题得到产品生产者的最优化条件：

$$L_t: \qquad \theta w_t = (1 - \alpha) A_t K_{t-1}^\alpha L_t^{-\alpha} \tag{4.5}$$

$$K_{t-1}: \qquad \theta r_t = \alpha A_t K_{t-1}^{\alpha-1} L_t^{1-\alpha} \tag{4.6}$$

4.3.3 资本生产者

陈师和赵磊（2009b）指出，投资专有性技术冲击对解释中国经济波动具有重要作用，借鉴 Christensen and Dib（2008）做法，本章假设资本生产者利用线性技术生产资本品，同时受到投资专有性技术冲击的影响，每期期末出售新生产的资本品。具体来说，资本生产者向企业家购买使用过的资本品 K_{t-1} 并向产品生产者购买投资品 I_t。由于受到投资专有技术冲击 x_t 的影响，实际得到有效投资品为 $x_t I_t$。资本生产者进而利用线性技术将资本品 K_{t-1} 和有效投资品 $x_t I_t$ 结合生产得到下期使用的资本品 K_t。资本生产者生产过程中受到二次调整成本影响，具体形式为：

$$\frac{\chi}{2}\left(\frac{I_t}{K_{t-1}} - \delta\right)^2 K_{t-1}$$

因此，资本生产者的优化问题可以描述为：

$$\max_{I_t} E_t\left[Q_t x_t I_t - I_t - \frac{\chi}{2}\left(\frac{I_t}{K_{t-1}} - \delta\right)^2 K_{t-1}\right]$$

求解上述问题得到资本生产者关于投资的最优化条件：

$$I_t: \qquad E_t[Q_t x_t] = E_t\left[1 + \chi\left(\frac{I_t}{K_{t-1}} - \delta\right)\right] \qquad (4.7)$$

等式（4.7）为标准的托宾 Q 方程，表明生产者在最优投资水平下使得增加一单位资本品的边际收益等于其边际成本。资本调整成本的存在减缓了投资对不同冲击的反应强度，同时引起资本品价格 Q_t 发生变动。当不存在资本调整成本时，资本品价格 Q_t 始终保持不变且等于 1。因此，当经济遭受外生冲击时，资本调整成本的存在会引起资本品价格变动，进而导致企业家资产净值发生改变，便于在模型中引入金融加速器机制。

经济中的资本运动方程可以表示为：

$$K_t = (1 - \delta)K_{t-1} + x_t I_t \qquad (4.8)$$

其中，δ 表示资本折旧率，投资专有技术冲击 x_t 满足 AR（1）过程：$\log(x_t) = \rho_x \log(x_{t-1}) + \varepsilon_{xt}$，$\rho_x \in (-1, 1)$ 为 AR（1）的系数，ε_{xt} 服从均值为零且标准差为 σ_x 的正态分布。

4.3.4 企业家和银行

在每期期末，企业家需要向资本生产者购买下一期使用的资本。一般来说，企业家拥有的净资产无法满足其资本需求，需要向银行贷款。为简化分析，假设企业家是风险中性①的，每期都可能面临破产，破产的企业家将在下一期消失，并且每期有一批新企业家进入维持企业家数目不变。这里，每期中的企业家都有可能破产，一方面描述现实经济中企业的存活与消亡状况；另一方面保证企业家无法积累足够的财富用于购买资本。否则，企业家会积累足够财富而无需向银行贷款。此时，经济中任何金融摩擦不会对实际经济产生影响，正如 MM 定理描述的情形。

在第 t 期期末企业家 i 按照价格 Q_t 购买用于下期使用的资本 K_t^i。企业家购买新资本所需资金有两个来源：一个来源是所拥有的净资产 N_t^i，另一来源是银行贷款 B_t^i。因此，企业家的资本需求满足：$Q_t K_t^i = N_t^i + B_t^i$。在第 $t+1$ 期期初企业家将拥有的资本按照价格 r_{t+1} 租赁给产品生产者，并在期末将资本以价格 Q_{t+1} 出售给资本生产者。因此，经济中第 $t+1$ 期资本的平均收益 R_{t+1}^k 可以表示为：

$$R_{t+1}^k = \frac{r_{t+1} + Q_{t+1}(1-\delta)}{Q_t} \tag{4.9}$$

在第 $t+1$ 期中资本品受到异质冲击 ω^i 的影响，企业家 i 实际收益为 $\omega^i R_{t+1}^k$。假设异质冲击 ω^i 服从对数正态分布，其分布函数为 $F(\omega)$，期望值 $E\omega^i = 1$。按照 Bernanke et al.（1999）的做法，企业家和银行关于异质冲击存在信息不对称，根据有成本的状态验证（Costly State Verification）方法，假设企业家可以无须任何代价知道 ω^i 实际值，而银行则需要花费一定代价确定 ω^i 的实际值。为最小化监督成本，银行只有在企业家无法按照事先约定的利率偿还借款时，才会审核企业家的实际收益。此时，银行会向企业家 i 提供一份贷款合约。具体来说，该贷款合约可以用三元组 $(R_{t+1}^l, B_t^i, \overline{\omega}^i)$ 表示，受到异质冲击 ω^i 的企业家可以按照合约要求以贷款利率 R_{t+1}^l 偿还借款 B_t^i 或者选择破产违约。当企业家选择破产违约时，银行对企业家资产进行清算，并将 μ 份额资产用于支付审计成本，其余资产归银行所有。因此，在资本收益率足够高的情形下，企业家会按照债务合约条款要求偿还借款，这需要企业家 i 在第 $t+1$ 期受到的异质冲击 ω^i 至少高于某一临界值 $\overline{\omega}^i$。否则，企业家会选择破产违约。因此，企业家 i 的临界值 $\overline{\omega}^i$ 必定满足如下条件：

---

① 风险中性假设表明企业家仅关心利润的期望值，而不考虑利润的风险状况。

$$R_{t+1}^l B_t^i = \overline{\omega}^i R_{t+1}^k Q_t K_t^i$$

当 $\omega^i \geqslant \overline{\omega}^i$ 时，企业家按照合约偿还银行 $R_{t+1}^l B_t^i$，自身保留 $\omega^i R_{t+1}^k Q_t K_t^i - R_{t+1}^l B_t^i$；而当 $\omega^i < \overline{\omega}^i$ 时，企业家选择破产违约，银行对企业家资产进行清算并获得：$(1 - \mu) \omega^i R_{t+1}^k Q_t K_t^i$，企业家则一无所获。

在竞争性信贷市场环境下，银行的利润最终为零。因此，银行贷款的期望收益等于其机会成本。在这种情形下，贷款利率 R_{t+1}^l 应该满足银行零利润条件即：

$$[1 - F(\overline{\omega}^i)] R_{t+1}^l B_t^i + (1 - \mu) \int_0^{\overline{\omega}^i} \omega^i dF(\omega) R_{t+1}^k Q_t K_t^i = R_t B_t^i$$

企业家 i 则在银行参与约束条件，即零利润条件下追求期望利润最大化：

$$E_t \left[\int_{\overline{\omega}^i}^{\infty} \omega R_{t+1}^k Q_t K_t^i dF(\omega) - [1 - F(\overline{\omega}^i)] \overline{\omega}^i R_{t+1}^k Q_t K_t^i \right]$$

根据 Bernanke et al.（1999）的方法得到：

$$Q_t K_t^i = \psi(s_t) N_t^i \qquad (4.10)$$

其中，$s_t = E_t \left[\dfrac{R_{t+1}^k}{R_t} \right]$ 表示预期贴现资本收益率，竞争性市场环境下购买资本的企业家必然要求 $s_t \geqslant 1$。此外，函数 $\psi(\cdot)$ 满足 $\psi(1) = 1$，$\psi'(\cdot) > 0$。

根据式（4.10）可知，企业家的资本支出水平与其净资产价值成正比例关系，且比例系数 $\psi(s_t)$ 随着预期贴现资本收益率 s_t 的增大而增大，说明在其他条件相同的情形下，预期贴现资本收益率 s_t 的增大，降低了企业家的违约率，企业家能够承担更多的债务，增加了资本需求规模。同样，企业家的资本需求规模并不会无限增大，这是因为企业家的债务资产比率的上升会导致预期违约成本上升。

由于函数 $\psi(\cdot)$ 是单调递增的，式（4.10）可以等价表示为：

$$E_t R_{t+1}^k = f\left(\dfrac{N_t^i}{Q_t K_t^i} \right) R_t \qquad (4.11)$$

其中，R_t 表示银行向家庭储蓄支付的利率，函数 $f(\cdot)$ 表示企业家外部融资风险升水成本，且满足 $f(1) = 1$，$f'(\cdot) < 0$。根据式（4.11）可知，所有的企业家 i 都会选择相同的杠杆率水平。因此，在接下来分析中将上标 i 省略。

最后，在每期期末有 p 份额的企业家生存到下一期，其余则破产消失。政府将破产企业家的财富充公并转移给家庭，死亡的企业家则由一群初始财

富 w^e 的新企业家代替。因此，企业家净资产 N_t 的运动方程可以表示为：

$$N_t = p\left[R_t^k Q_{t-1} K_{t-1} - \left(R_{t-1} + \frac{\mu \int_0^{\overline{\omega}} \omega R_t^k Q_{t-1} K_{t-1} dF(\omega)}{Q_{t-1} K_{t-1} - N_{t-1}}\right)(Q_{t-1} K_{t-1} - N_{t-1})\right] + w^e$$

$$= p\{R_t^k Q_{t-1} K_{t-1} - E_{t-1}[R_t^k(Q_{t-1} K_{t-1} - N_{t-1})]\} + w^e$$

$$(4.12)$$

其中，R_t^k 表示第 t 期持有资本的事后实际收益率，企业家外部融资升水幅

度可表示为违约成本与贷款额比率为 $\dfrac{\mu \int_0^{\overline{\omega}} \omega R_t^k Q_{t-1} K_{t-1} dF(\omega)}{Q_{t-1} K_{t-1} - N_{t-1}}$，$E_{t-1} R_t^k =$

$E_{t-1}[f(\cdot) R_{t-1}]$ 表示银行贷款成本，即在第 $t-1$ 期合约规定的贷款利率。

4.3.5 政府

假设政府消费支出 G_t 通过一次付总税收 T_t 获得且满足当期预算平衡：

$$G_t = T_t$$

其中，G_t 作为外生冲击服从 AR（1）过程：$\log G_t = \rho_g \log G_{t-1} + \varepsilon_{gt}$，$\rho_g \in$ （-1，1）为 AR（1）的系数，ε_{gt} 服从均值为零且标准差为 σ_g 的正态分布。

4.3.6 市场出清

当产品市场达到出清时，具有如下关系：

$$Y_t = C_t + G_t + I_t \qquad (4.13)$$

4.3.7 模型对数线性化形式

为方便分析模型在稳态水平的动态过程，对模型行为方程进行对数线性化处理。这里，令 $\hat{X}_t = \log(X_t/X)$。其中，X 表示变量 X_t 的稳态水平，$\hat{X}_t$ 表示变量 X_t 偏离稳态水平的百分比。

$$EC \cdot \widehat{EC}_t = C \cdot \hat{C}_t + \eta G \cdot \hat{G}_t \qquad (4.14)$$

$$\sigma \widehat{EC}_t - \sigma E_t \widehat{EC}_{t+1} + \hat{R}_t = 0 \qquad (4.15)$$

$$\frac{L}{1-L} \hat{L}_t = \hat{w}_t - \sigma \widehat{EC}_t \qquad (4.16)$$

$$\hat{w}_t = \hat{Y}_t - \hat{L}_t \qquad (4.17)$$

$$\widehat{r}_t = \widehat{Y}_t - \widehat{K}_{t-1} \tag{4.18}$$

$$\widehat{Q}_t = \chi(\widehat{I}_t - \widehat{K}_{t-1}) - \widehat{x}_t \tag{4.19}$$

$$\widehat{K}_t = (1 - \delta)\widehat{K}_{t-1} + \delta\widehat{I}_t + \delta\widehat{x}_t \tag{4.20}$$

$$\widehat{R}^k_{t+1} = \frac{r}{R^k}\widehat{r}_{t+1} + \frac{(1-\delta)}{R^k}\widehat{Q}_{t+1} - \widehat{Q}_t \tag{4.21}$$

$$\widehat{R}^k_{t+1} = \widehat{R}_t + \zeta(\widehat{Q}_t + \widehat{K}_t - \widehat{N}_t) \tag{4.22}$$

$$\frac{\widehat{N}_t}{pR^k} = \frac{K}{N}R^k_t - \left(\frac{K}{N} - 1\right)\widehat{R}_{t-1} - \zeta\left(\frac{K}{N} - 1\right)(\widehat{K}_{t-1} + \widehat{Q}_{t-1} - \widehat{N}_{t-1}) + \widehat{N}_{t-1} \tag{4.23}$$

$$\widehat{Y}_t = \frac{C}{Y}\widehat{C}_t + \frac{I}{Y}\widehat{I}_t + \frac{G}{Y}\widehat{G}_t \tag{4.24}$$

$$\widehat{Y}_t = \widehat{A}_t + \alpha\widehat{K}_{t-1} + (1-\alpha)\widehat{L}_t \tag{4.25}$$

$$\widehat{A}_t = \rho_a\widehat{A}_{t-1} + \varepsilon_{at} \tag{4.26}$$

$$\widehat{G}_t = \rho_g\widehat{G}_{t-1} + \varepsilon_{at} \tag{4.27}$$

$$\widehat{x}_t = \rho_x\widehat{x}_{t-1} + \varepsilon_{xt} \tag{4.28}$$

等式（4.14）是家庭有效消费的对数线性化形式，等式（4.15）是家庭跨期消费欧拉方程的对数线性化形式，等式（4.16）表示家庭劳动供给的对数线性化形式，等式（4.17）表示生产者的劳动需求的对数线性化形式，等式（4.18）表示生产者的资本需求的对数线性化形式，等式（4.19）表示资本生产者的投资决策的对数线性形式，等式（4.20）表示经济中资本总量的运动方程的对数线性化形式，等式（4.21）表示经济中单位资本的平均收益的对数线性化形式，等式（4.22）表示企业家外部融资风险溢价的对数线性形式，等式（4.23）表示企业家净资产运动方程的对数线性形式，等式（4.24）表示经济中的资源约束对数线性化形式，等式（4.25）表示生产函数的对数线性化形式，等式（4.26~4.28）表示模型的外生冲击。

第四节 数据来源和模型参数校准

4.4.1 数据来源

本章涉及经济变量主要包括 GDP、消费、投资、就业和资本存量。其中，1978 年至 2008 年的数据来自《新中国六十年统计资料汇编》，2009 年至 2012 年数据来自《中国统计年鉴 2013》。资本存量数据使用单豪杰（2008）估计的资本存量数据并扩展到 2012 年。考虑到价格因素的影响，国内生产总值根据国内生产总值指数转化为以 1978 年为基期的实际产出序列。消费数据利用居民消费价格指数进行折减，而居民消费价格指数自 1985 年开始公布，为此，对于 1985 年之前的数据用商品零售价格指数代替。利用固定投资价格指数对固定资本形成总额进行折减。国家统计局自 1991 年开始公布固定投资价格指数，对于 1991 年之前的该指标用隐含的固定资本形成价格平减指数替代，具体来源于李宾（2012）。本章使用的数据为年度数据，因此 HP 滤波 λ 值为 100。

4.4.2 参数校准

4.4.2.1 家庭偏好参数

考虑到消费相对风险厌恶系数是消费跨期替代弹性的倒数，可以利用中国历年居民消费数据得到消费跨期替代弹性估计值。家庭的消费跨期替代性等于 $d\ln C_t / d\ln C_{t-1}$，用于估计跨期替代弹性的计量方程具体形式可以表示为：$\ln C_t = a + b\ln C_{t-1} + \varepsilon_t$。因此，消费替代弹性为 b，消费者风险厌恶系数为 $1/b$，并利用 1978—2012 年居民消费数据，得到如下估计：

$$\log C_t = 0.1591 + 0.9918\log C_{t-1}$$

$$(3.1269) \qquad (175.13)$$

$$R^2 = 0.9989, \ D.W. = 1.3766, \ F = 30672.02$$

根据回归结果可知，回归系数在 1% 水平上均显著，$\ln C_{t-1}$ 的回归系数为 0.9918，这表明当上一期消费增长率提高 1% 时，当期消费的增长率会提高 0.9918%，说明家庭消费向前或者向后跨期替代非常接近，消费跨期替代弹性为 0.9918，居民消费相对风险厌恶系数为 1/0.9918 = 1.008，非常接近于 1。因此，本章将消费相对风险厌恶系数 σ 设定为 1。此时，家庭关于消费的偏好为对数函数形式。

根据黄赜琳（2005）的做法，1978—2012 年居民消费物价年平均上升 5.5%，家庭主观贴现率 β 的值设定为 0.945。按照 Hansen（1985）的做法，对消费与闲暇的相对权重参数 ξ 进行校准使得稳态的家庭劳动供给水平为 1/3 即劳动者每天工作时间为 8 小时。[①]家庭消费和政府消费的替代参数 η 没有具体标准，本章将其设定为 0.2。

4.4.2.2 生产函数参数

在完全竞争性市场环境中，生产者的投入要素边际产出等于要素价格。因此，生产函数中关于资本的参数 α 等于稳态水平的资本收入份额。一般而言，根据发达国家的实际经济数据得到的资本收入份额大约为 2/3。不过，就中国而言，考虑到劳动力要素相对充裕，而资本要素相对匮乏，资本收入份额相对较低。考虑到 1995 年后《中国统计年鉴》中给出的"各地区国内生产总值结构项目"，而国内生产总值收入法构成项目包括劳动报酬、资本折旧、生产税净额和营业盈余四项。由于生产税是间接税，生产者既可以通过提高产品价格向消费者转嫁，也可以压低投入要素价格向要素所有者转嫁，因此如何处理生产税尤为关键。这里，借鉴全冰（2010）的做法，假设资本所有者和劳动所有者按照各自的要素收入份额承担生产税，根据表 4.1 的数据可以得到历年资本收入份额数据，进而计算得到历年资本收入份额 α 的平均值为 0.4371。

对于折旧率 δ 取值来说，国外学者将其季度值设定为 0.025，年度值则设定为 0.10。就中国资本年度折旧率而言，税法规定生产设备折旧年限为 10 年，建筑物的折旧年限为 20 年，运输工具以及与生产、经营有关的工具折旧年限为 5 年。不过，张军等（2004）将固定资产折旧率设定为 0.096，单豪杰（2008）将其设定为 0.1096。考虑到本书为年度数据，资本存量数据使用单豪杰的估计结果，本章将资本折旧率设定为 0.1096。

对于资本调整成本弹性 χ，其值越大，则说明企业投资对外生冲击的反应越小，借鉴 Bernanke et al.（1999）的研究，将其设定为 0.25。

---

① 利用家庭劳动供给条件 $w_t/EC_t^\sigma = \xi/(1 - L_t)$ 进行校准，具体过程参见附录 A。

表 4.1　国内生产总值收入法构成项目　　　　　单位：亿元

年份	生产总值	劳动者报酬	固定资产折旧	生产税净额	营业盈余	资本所有者承担的生产税	α
1993	34228	17327	3989	4729	8182	1951	0.4126
1994	45384	23236	5407	6185	10556	2519	0.4072
1996	68584	36622	8781	8622	14559	3356	0.3892
1997	76957	40628	10486	10125	15717	3970	0.3921
1998	82780	43989	11981	11092	15718	4286	0.3864
1999	87671	45926	13209	11870	16665	4678	0.3941
2000	97209	49948	14972	13760	18529	5524	0.4015
2001	106766	54935	16779	15027	20025	6029	0.4012
2002	118021	60099	18494	16573	22855	6755	0.4076
2003	135539	67261	19362	21551	27365	8835	0.4099
2005	197789	81888	27919	29522	58460	15155	0.5133
2006	231053	93823	33642	32727	70862	17245	0.5269
2007	275625	109533	39019	40827	86246	21785	0.5335
2009	365304	170300	55531	49370	90103	22758	0.4610
2010	437042	196714	56228	66609	117457	31231	0.4689
2011	521441	234310	67345	81399	138387	38056	0.4675
2012	576552	262864	74133	91635	147920	41961	0.4579

数据来源：根据历年统计年鉴整理计算得到。

4.4.2.3　外生冲击参数

对于技术冲击来说，利用 1978—2012 年数据，并由生产函数计算得到索罗剩余 sr_t：$sr_t = \ln Y_t - \alpha \ln K_t - (1-\alpha)\ln L_t$。其中，资本收入份额 α 为 0.4371；其次，对上述得到的索罗剩余 sr_t 时间序列进行线性滤波，得到技术冲击的波动成分；最后，根据假设技术冲击服从 AR（1）过程，得到技术冲击的一阶自回归系数 ρ_a 为 0.8169，其标准差 σ_a 为 0.0212。对于政府冲击参数来说，对剔除价格因素的 1978—2012 年政府消费数据取对数并运用 HP 滤波得到其波动成分 G_t^c，由于政府消费冲击服从 AR（1）过程，计算得到一阶自回归系数 ρ_g 为 0.6582，其标准差 σ_g 为 0.0428；对于投资专有性冲击，根据陈师和赵磊（2009b）的研究，设定一阶自回归系数系数 ρ_x 为 0.717，其标准差 σ_x 为 0.0340。

4.4.2.4 金融加速器机制相关参数

一般而言，当经济中平均的单位资本收益率 R^k 越高，企业家破产的概率 $F(\bar{\omega})$ 就越小，银行审计企业家耗费的成本参数 μ 越小时，说明企业家越容易从银行获得贷款，导致稳态的资本与资产净值的比率 K/N 越高。当一国企业融资主要通过间接方式获得时，必然会导致该国总体的资本与资产净值的比率 K/N 水平较高。考虑到不同国家企业融资方式的差异，Christiano et al.（2009）将以间接融资为主的欧洲的资本与资产净值的比率 K/N 设定为 1.92，而将主要以直接融资为主的美国设定为 1.13。对于中国而言，企业主要通过间接融资为主，这必然导致稳态水平的资本与资产净值的比率 K/N 较高。刘兰凤和袁申国（2012）利用 1999 年至 2008 年 572 家中国上市公司的数据，发现中国企业资本与资产净值的比率为 2.38。因此，本书将 K/N 设定为 2.38，这意味着企业的资产债务比率为 0.5798；根据仝冰（2010）的研究，年度的实际资本回报率与无风险利率存款利率差额为 5.16%，这意味着模型稳态的外部融资升水 f 应设定为 1.0516 即 R^k/R。对于每期的企业存活概率 p，当考虑季度数据时，Bernanke et al.（1999）将其设定为 0.9728。由于本书使用年度数据，这意味着企业的存活率 p 为 0.8956，也就意味企业的存活期限大约为九年；企业家破产的银行审计成本参数 μ 则参照 Bernanke et al.（1999）的研究，将其设定为 0.12。参照 Bernanke et al.（1999）的研究，将反映模型金融加速器效应大小的企业家外部融资风险升水的杠杆率弹性系数 ζ 设定为 0.05，表明当企业杠杆率提高 1% 时，会导致企业外部融资风险升水提高 0.05%。

4.4.2.5 其他参数

利用 1978—2012 年政府消费占 GDP 比重的均值将稳态水平下政府消费占产出比重 G/Y 设定为 0.145。

表 4.2 模型基本参数校准结果

参数	β	σ	η	K/N	α	δ	ρ_a	σ_a
取值	0.945	1	0.2	2.38	0.4371	0.1096	0.8169	0.0212
参数	μ	χ	ρ_g	σ_g	ρ_x	σ_x	f	p
取值	0.12	0.25	0.6582	0.0428	0.717	0.0340	1.0516	0.8956
参数	G/Y	ζ	ξ					
取值	0.145	0.05	校准					

第五节　数值模拟与分析

4.5.1　模型对经济波动的平稳化解释

伴随着中国市场化水平的不断提高，企业越来越体现为追求利润最大化目标，而以产出规模作为衡量政府直接干预程度的代理变量的权重逐步减小。正如本书第二章指出，中国的市场化过程具有的明显的阶段性，以 1994 年为界：第一阶段为 1978—1993 年的增量改革时期，产出的波动标准差为 3.74%；第二阶段为 1994—2012 年的全面改革时期，社会主义市场经济体制初步建立并逐步完善，产出的波动标准差为 2.48%。本部分通过改变企业利润权重参数 θ 取值来考察市场化进程对实际经济波动特征的解释力度，[①]图 4.1 给出了市场化水平变动对产出波动影响。随着参数 θ 取值不断增大，模拟的产出波动标准差逐步下降：在 $\theta = 0.27$ 时，模拟的产出波动标准差为 4.49%；当 $\theta = 1$ 时，微观企业完全以利润最大化为目标，模拟的产出波动为 2.40%，从而验证了本章第二节的分析市场化水平有助于增强宏观经济的稳定性。

根据图 4.1，当市场化参数 $\theta = 0.28$ 时，模拟的产出波动标准差与第一阶段的实际值最为接近；当市场化参数 $\theta = 0.80$ 时，模拟的产出波动标准差与第二阶段的实际值相同。进一步，本节对两个阶段的实际经济波动特征与模型模拟结果进行比较分析，以判断包含市场化进程和金融加速器机制的模型是否较好地解释实际经济的周期波动，具体见表 4.3 和表 4.4 中包含金融加速器机制的模型（简称 FA 模型）的模拟结果。

从产出的波动性来看，第一阶段模拟的结果为 3.73%，略小于实际值 3.79%，Kydland-Prescott 方差比为 98.4%，这表明模型能够解释产出波动的 98.4%；第二阶段的模拟结果为 2.42%，与实际值完全相同。在增量改革时期实际经济大起大落，呈现"峰长谷短"的特点，而在全面改革时期宏观经济则表现出"波幅收窄"的平稳化特征，实际产出的标准差在两阶段降幅达 1.37%，同时模型模拟结果降幅达 1.31%，能够解释产出波动下降的 95.6%，说明随着市场化水平不断提高，微观企业越来越以利润最大化为目标，经济

---

①　注意当参数 $\theta \geq 0.25$ 时，上述包含预期的差分系统模型才满足 B-K 条件。

波动日益表现为市场型波动，而由政府干预引起的波动显著下降。因此，模型能够较好解释中国经济波动的平稳化现象。

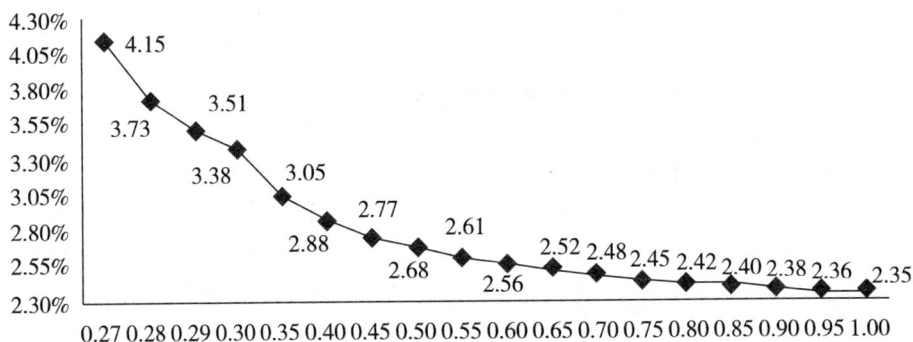

图4.1　市场化参数变动与模拟的产出波动标准差

从消费的波动性来看，第一阶段模拟的结果为4.19%，小于实际值4.87%，Kydland-Prescott方差比为86.0%，说明模型能够解释消费波动的86.0%，且能够预测消费波动大于产出波动的经验事实；第二阶段模拟结果为1.97%，稍微大于实际值1.74%，Kydland-Prescott方差比为113.2%，说明模型能够解释消费波动的113.2%，并且与第二阶段消费波动小于产出波动的事实相符。因此，模型能够较好地预测实际经济中消费与产出波动之间的关系。实际上，在基本RBC模型中家庭通过跨期储蓄行为达到平滑消费目的，模拟的消费标准差要小于产出标准差。张四灿等（2014）指出，政府消费是造成家庭消费波动的重要原因，模型中政府消费和市场化两种作用之间的叠加再现了上述特征事实。伴随着市场化程度提高，政府干预经济减弱，从而政府消费冲击对家庭消费的影响减弱，使得家庭消费波动由第一阶段大于产出波动，转变为第二阶段小于产出波动。此外，实际经济中消费的标准差在两个阶段下降幅度达到3.13%，模拟的结果在两阶段的降幅为2.23%，能够解释消费波动下降的71.2%。从消费与产出的相关系数来看，实际经济中消费与产出表现出较强的顺周期性，而模型同样显示消费具有较强的顺周期性。

表 4.3　市场化水平参数 θ=0.28 的模拟结果

变量	实际经济			FA 模型模拟结果				NOFA 模型模拟结果			
	标准差	一阶自相关系数	与产出相关系数	标准差	与产出相关系数	一阶自相关系数	Kydland-Prescott 方差比	标准差	与产出相关系数	一阶自相关系数	Kydland-Prescott 方差比
产出	0.0379	0.628	1.000	0.0373	1.000	0.454	0.984	0.0303	1.000	0.4298	0.799
消费	0.0487	0.639	0.744	0.0419	-0.728	0.521	0.860	0.0476	-0.3908	0.3796	0.977
资本	0.0276	0.724	0.781	0.0107	0.335	0.824	0.388	0.0110	0.4472	0.8055	0.399
投资	0.0948	0.588	0.916	0.0440	0.992	0.457	0.464	0.0356	0.9806	0.4180	0.376
就业	0.0308	0.397	-0.624	0.0341	0.954	0.494	1.107	0.0306	0.7678	0.3773	0.994

注：FA 模型表示金融加速器机制起作用的完整模型；NoFA 模型表示不包含金融加速器机制的模型，除参数外部融资风险升水的杠杆率弹性系数 ζ=0，其余参数均与 FA 模型相同。

表 4.4　市场化水平参数 θ=0.8 的模拟结果

变量	实际经济			FA 模型模拟结果				NOFA 模型模拟结果			
	标准差	一阶自相关系数	与产出相关系数	标准差	与产出相关系数	一阶自相关系数	Kydland-Prescott 方差比	标准差	与产出相关系数	一阶自相关系数	Kydland-Prescott 方差比
产出	0.0242	0.779	1.000	0.0242	1.000	0.475	1.000	0.0241	1.0000	0.4817	0.996
消费	0.0174	0.647	0.548	0.0197	0.606	0.477	1.132	0.0223	0.5341	0.4556	1.282
资本	0.0401	0.680	0.507	0.0151	0.511	0.806	0.377	0.0164	0.5254	0.8048	0.409
投资	0.0490	0.668	0.701	0.0583	0.840	0.413	1.190	0.0625	0.7784	0.4053	1.276
就业	0.0028	0.342	0.008	0.0122	0.630	0.385	4.357	0.0139	0.5486	0.3767	4.964

　　从投资的波动性来看，第一阶段模拟的结果为 4.40%，小于实际值 9.48%，Kydland-Prescott 方差比为 46.4%，这表明模型能够解释投资波动的 46.4%；第二阶段模拟的结果为 5.83%，大于实际值 4.90%，Kydland-Prescott 方差比为 119.0%，这表明模型能够解释投资波动的 119.0%。在两阶段中，实际经济的投资波动均大于产出波动，模型能够呈现上述特征事实。注意到，第一阶段模拟的投资波动性小于第二阶段，其原因在于在市场化程度较低下，企业投资专有性冲击对企业投资水平影响较小。根据式（4.8），x_t 衡量了消费品和投资品的转换效率，表示放弃一单位消费品可以得到 x_t 单位的有效投资品。因此，要获得一单位有效投资品，需要放弃 $1/x_t$ 单位的消费品，x_t 可以通过消费价格指数和投资价格指数的比率来衡量。鉴于市场化程度较低时，价格机制配置资源功能较弱，价格因素影响消费品和投资品的配置不明显，政府干预因素较强，导致投资专有性技术对变量的影响较小。从投资与产出的同期相关系数来看，模拟结果与实际值非常接近，投资表现出较强的顺周期性。

　　从资本的波动性来看，第一阶段模拟的结果为 1.07%，小于实际值 2.76%，Kydland-Prescott 方差比为 38.8%，这表明模型能够解释资本波动的 38.8%；第二阶段模拟的结果为 1.51%，小于实际值 4.01%，Kydland-Prescott 方差比为 37.7%，这表明模型能够解释资本波动的 37.7%。此外，从两阶段资本与产出的同期相关系数来看，模拟的结果与实际值均表现出顺周期性，与实际情况比较符合。

　　从就业的标准差来看，第一阶段模拟的结果为 3.41%，大于实际值 3.08%，Kydland-Prescott 方差比为 110.7%，这表明模型能够解释就业波动的 110.7%；第二阶段模拟的结果为 1.22%，大于实际值 0.28%，Kydland-Prescott 方差比为 435.7%，这表明模型能够解释就业波动的 435.7%。从就业与产出的同期相关系数来看，在第一阶段实际经济显示就业为逆周期性，而在第二阶段显示为非常弱的顺周期性，相关系数仅为 0.008。所以模型在两个阶段均显示就业具有较强的顺周期性。模型在就业方面预测不是太好，这很可能与中国实际就业统计数据有关，正如岳希明（2005）指出中国的就业统计存在统计标准不一致、遗漏非正规就业人员、缺乏流动人口统计等问题。因此，据此判断模型优劣有失偏颇。

4.5.2　金融加速器机制对经济波动的影响

为了考虑在不同市场化水平下两种模型对解释中国经济波动的重要性，本章进一步从波动性和脉冲响应图两个方面对模型进行考察。其中，两种模型分别为包含金融加速器机制的模型（简称 FA 模型）和不包含金融加速器机制的模型（简称 NoFA 模型）。研究表明，带有金融加速器的模型能够更好地解释中国经济波动特征。

4.5.2.1　波动性

表 4.3 和表 4.4 分别给出了 FA 模型和 NoFA 模型在不同市场化水平下模拟结果与两个阶段的实际经济波动特征。在第一阶段，实际经济显示投资的波动性最大，达到 9.48%，是产出波动的两倍多，产出波动的标准差为3.79%，而消费的波动性略大于产出波动，为 4.87%。就业和资本的波动则小于产出波动，分别为 3.08% 和 2.76%。从模拟结果来看，FA 模型模拟的投资、消费、产出、就业和资本的波动性依次递减与实际经济相一致，而 NoFA模型则与实际经济不吻合。FA 模型中投资波动性最大，而 NoFA 模型中消费的波动性最大，并且 FA 模型中投资和产出的波动性大于 NoFA 模型，与实际经济更为相符，这说明 FA 模型中金融加速器机制主要通过企业投资渠道影响到产出，与实际经济相符。此外，FA 模型模拟的产出和投资 Kydland-Prescott方差比分别为 98.4% 和 46.4%，而 NoFA 模型模拟的产出和投资分别为79.9% 和 37.6%，这说明 FA 模型能够解释 98.4% 的产出波动和 46.4% 的投资波动，而 NoFA 模型能够解释 79.9% 的产出波动和 37.6% 的投资波动，说明FA 模型能够更好地解释产出和投资的波动性。此外，就第二阶段而言，FA模型的模拟结果同样显示优于 NoFA 模型。

4.5.2.2　脉冲反应图

为了考察金融加速器机制对模型动态特征的影响，这里，以技术冲击为例进行说明。图 4.2 和图 4.3 分别给出在不同市场化水平下，技术冲击对两种模型的主要宏观经济变量：产出、投资、资产净值和资本价格的脉冲响应图。图中虚线表示 FA 模型的脉冲响应图，实线表示 NoFA 模型的脉冲响应图。其中，纵轴表示经济变量受到冲击后偏离稳态水平的百分比，横轴表示时期数。

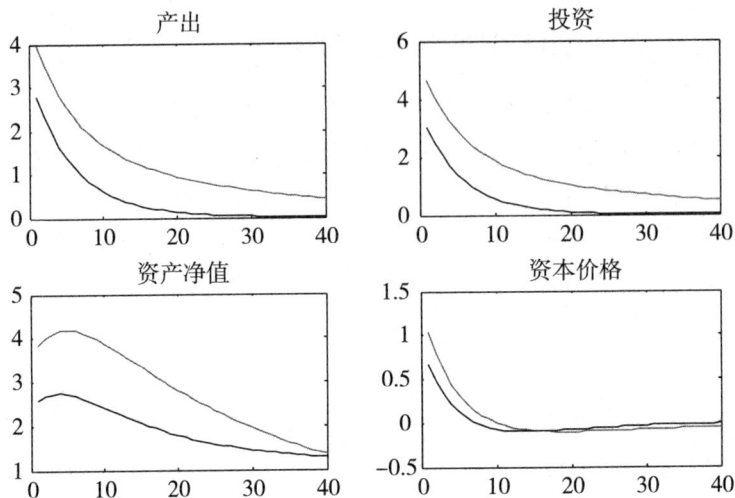

图4.2　在市场化水平参数 $\theta=0.28$ 下，技术冲击的脉冲响应图示

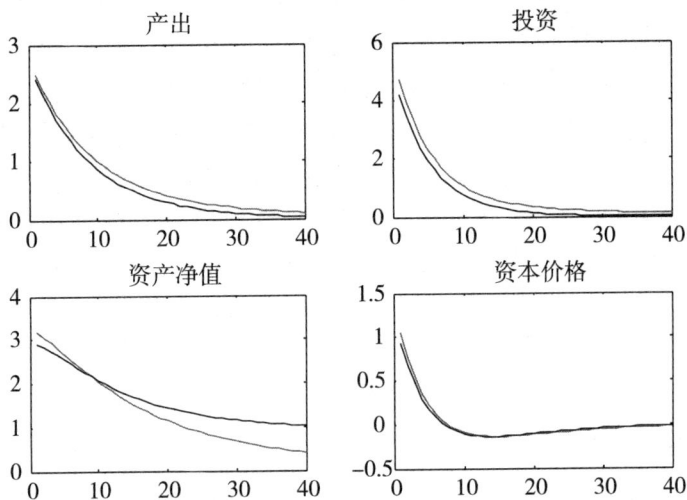

图4.3　在市场化水平参数 $\theta=0.8$ 下，技术冲击的脉冲响应图示

观察图4.2和图4.3可知二者之间的共同点为：模型经济受到技术冲击后，主要宏观经济变量先逐步上升然后逐步恢复到稳态水平。FA模型具有明显的金融加速器效应，金融加速器机制明显放大和传播了外生冲击对主要宏观经济变量的影响。具体来说，当经济受到正向的1%的技术冲击时，产出水平提高，投资水平提高，经济处于繁荣状态。与此同时，资本边际效率提高，生产者的资本需求提高，引起资本价格提高。资本价格的提高引起资产净值的提高。根据本章第二节分析，资产净值的提高降低了企业外部融资升水幅度，企业投资融资成本下降，刺激企业向银行借贷，投资水平进一步增加，产出水平进一步提高，进而产生了"加速"效应。随着投资水平的提高，企业外部融资水平的不断提高导致杠杆率的增加，最终引起企业外部融资升水逆转，企业外部融资成本上升，投资和产出增加的幅度逐步减少，最终恢复到长期稳态水平。

进一步分析图 4.2 和图 4.3 可知，金融加速器机制放大和传播外生冲击对经济变量的影响程度与市场化水平存在密切关系：市场化程度不高的情形，金融加速器的放大效应越明显。具体来说，在市场经济发展程度不高的情形下，微观经济主体的行为受到地方政府影响较大，导致企业倾向于追求生产规模，刺激企业投资水平提高，较高的投资水平则需要银行信贷的支持。同时，地方政府对银行信贷的干预为企业投资提供廉价的贷款，进一步刺激企业投资水平的提高，产出进一步提高，由此产生加速效应。此外，地方政府往往会在中央政府紧缩政策实施之前采取突击投资的行为，使得中央政府对经济的微调政策失效，迫使中央政府采取严厉的行政性信贷措施，导致投资过度下降，经济活动过度收缩。市场经济化程度的提高，政府干预企业投资和银行信贷减弱，上述加速效应减弱，企业投资和产出波动则更体现为市场经济条件下金融加速器效应。

第六节 本章小结

本章在基本的 RBC 模型中纳入金融加速器机制和市场化因素，研究了市场化水平对中国经济波动的平稳化趋势影响。在对模型参数校准赋值后，首先，分析了市场化水平的提高对解释中国经济波动的阶段性变化的重要性，发现市场化水平的提高有助于增强经济的稳定性。具体来说，在市场程度不高和政府干预经济程度较高情形下，政府促使企业追求产出规模，压低银行信贷成本，通过金融加速器机制使得投资过度膨胀，导致经济过度波动。伴随市场化程度提高和政府干预减弱，微观主体决策更加理性，经济波动更多体现为市场型波动。同时，在企业仍然受到政府影响的情形下，当经济出现衰退迹象时，企业的投资水平不会过度下降，起到减轻经济波动的作用。其次，分析了金融加速器机制在不同市场化程度下对外生冲击的放大和传播效果，研究表明市场程度较低下，金融加速器机制通过投资渠道影响产出波动越明显，说明在增量改革时期，市场化水平不高使得金融加速器机制对投资的影响较大，放大了投资波动，从而产出呈现高位波动特征；随着市场水平的提高，金融加速器机制对投资影响减小，从而使得在全面改革时期出现"波幅收窄"的平稳化趋势。本章研究结论表明市场化有助于提高经济稳定性，抑制经济波动，市场化改革的阶段性特征能够解释中国经济波动呈现的阶段性特征。

第五章　预算软约束与中国经济波动的平稳化

第一节　引　言

在第四章中，企业生产目标为利润与规模的加权平均，并且通过企业赋予利润目标权重的大小来衡量中国市场化水平的高低。伴随市场化水平的提高，政府直接干预国有企业投资水平或者通过政策手段刺激私人企业投资的程度降低，企业利润目标更加明确，经济日益呈现市场经济特性，投资冲动得到遏制，促使企业投资波动下降，最终带来产出波动的下降。不过，上述分析中企业投资冲动行为主要由政府追求高速经济增长所带来，并没有对预算软约束导致的企业投资冲动行为进行细致分析。事实上，中国以公有制为主体多种所有制经济共同发展的基本经济制度决定了微观投资主体的二元化：国有企业和非国有企业。相对于天然具有预算硬约束的非国有企业，国有企业因国有产权或"政策性负担"具有明显的预算软约束。[①]伴随市场化改革的不断推进，国有企业预算约束硬化水平不断提高，投资的所有制结构发生显著变化：在增量改革时期国有企业投资在固定投资的份额均值近68%，并一直维持在60%以上，非国有企业则维持在32%左右；而在全面改革时期，国有企业投资份额持续下降，从1994年的56.4%下降到2012年的25.7%，非国有企业投资则持续上升，在2001年首次超过国有企业。[②]由此，整个经济中

---

① 根据林毅夫等（2004）的研究，政策性负担可分为两类：一类是企业为了国家发展战略需要而承担的战略性负担；另一类为企业承担的社会性负担，包括企业承担的就业、医疗、养老等社会保障职能。

② 根据《2013年统计年鉴》整理计算得到。

企业预算约束状况必然不断硬化，促使社会总投资趋于理性化，在一定程度上对投资冲动起到抑制作用。现有研究中，已有一些学者针对上述问题进行研究，得到一些有益的初步结论，但是同时存在一定不足之处：

首先，针对国有企业预算约束硬化水平提高及非国有企业投资份额上升带来的经济波动的平稳化趋势结论主要是基于计量分析手段得出的，缺乏严谨的理论模型分析。事实上，简单的计量手段无法就企业预算约束变动对投资和产出的动态影响展开分析，缺少预算约束硬化影响企业投资渠道的具体机制分析。此外，睢国余和蓝一（2005）将国有企业投资收益率作为计量回归的解释变量，并将国有企业的投资率作为被解释变量，进而将回归得到的投资对收益率的弹性作为衡量国有企业预算硬化的指标，这种做法略显不妥。这是由于具有私有产权且存在软预算约束的企业同样会关注整个经济的投资收益率状况，进而向政府提出相应财政补贴要求。

其次，缺乏企业预算软约束、金融中介效率与经济波动相互关系的研究。考虑到中国以政府控制的国有银行体系的信贷体制会造成银行对国有企业实行软预算约束，即使国有企业处于高负债甚至亏损经营状态，银行也无法拒绝国有企业贷款要求。因此，国有银行改革提高了其自主性，减少了政策性和指令性贷款，促使其按照商业化方式进行经营，进而提高其金融效率：一方面，遏制了国有企业的不良贷款，进而对国有企业的预算约束硬化起到外部约束，降低国有企业的投资冲动行为；另一方面，为非国有企业融资提供了必要金融资源，促使整体投资效率的提高。总体而言，金融效率的提高降低了经济中不良贷款率，促使储蓄向投资转化过程更加顺畅，降低金融摩擦程度，减轻资产负债表等渠道对外生冲击的放大效果，提高了宏观经济吸收外部冲击能力，增强了经济稳定性。

针对第一个不足之处的处理是，本章通过构建 DSGE 理论模型对企业预算软约束问题进行分析。考虑到国有企业的预算软约束问题意味着国有企业在获得财政拨款、税收减免和优惠性银行贷款方面比较容易，投资受到融资约束的可能性较小，企业投资普遍存在冲动行为，使得企业从经营现金流中积累资金来满足投资需求的激励严重不足；而相对于国有企业，非国企企业的投资在很大程度上来源于内部现金积累。伴随国有企业预算软约束问题改善，同时天然具有预算硬约束的非国有企业在整个国民经济中份额的上升，社会总投资对内部现金流的依赖程度提高，在一定程度上能够反映企业预算约束硬化水平的高低。有鉴于此，本章通过在理论模型中引入总投资的货币先行约束（简称 CIA 约束）即 $C_t + \eta I_t \leq M_t/P_t$，将参数 η 作为衡量企业预算约束硬化程度的代理指标。针对第二个不足之处，本章在理论模型中引入金融中介部门，金融中介效率的提高意味着金融中介将家庭储蓄转化为企业贷款更加顺畅，能够有效降低存贷款利率差距，进而减轻金融摩擦程度。因此，本章将稳态的存贷比率参数 κ 作为衡量金融中介效率的代理指标，进而比较分析不同金融中介效率参数 κ 和企业预算约束硬化水平参数 η 赋值下，不同性质的外生冲击对主要宏观经济变量的脉冲响应图，探究企业预算软约束、金融中介效率对经济波动的影响。

本章的具体安排如下，第二节对预算软约束、金融中介效率与宏观经济波动的机理进行理论分析，第三节构建包含投资的货币先行约束（简称 CIA 约束）和金融中介效率因素的新凯恩斯粘性价格模型，第四节介绍模型参数校准赋值过程，第五节对模型进行数值模拟与分析，第六节总结本章主要内容。

第二节 理论机制分析

5.2.1 企业预算约束硬化回顾

考虑到中国市场化改革可分为增量改革时期（1978—1993 年）和全面改革时期（1994 年至今）。由于非国有企业天然具有非常强的预算硬约束，而国有企业因国有产权或"承担政策性负担"，生产经营并非完全利润目标，亏损时能够获得国家财政补贴、税收减免和优惠性贷款等，缺乏内部积累资金激励，存在明显的预算软约束问题。在增量改革时期，国有企业改革是在不改变国家所有的基本制度前提下，国有企业采用放权让利措施进行改革，激发了生产积极性，但是激励机制并没建立相应的约束机制，没有解决计划经济时代普遍存在的预算软预算问题。在此时期，国家先后进行过两次改革来硬化国有企业的预算约束，但效果不是太理想（周立群，1989）。第一次改革主要是针对国有企业效率和利润差异在很大程度上是由生产技术、产品结构、地理位置等先天条件差异造成，在 1983—1984 年国家进行了"利改税"改革，其目的是利用所得税、"调节税"等不同形式税收调节不同企业的利润差异，创造企业公平竞争的外部条件，进而以法律形式规范企业和国家的利益分配关系，使得企业能够准确对其经营状况进行核算，逐步实现企业自主经营、自负盈亏的目的，达到硬化企业预算约束的目的。不过，由于税制设计和税率设定过高等方面的缺陷，这次改革没有达到预期目的。第二次改革则按照所有权和经营权相分离的原则，针对不同行业和企业的特点，1986 年 12 月开始实行多种形式的企业经营承包责任制。较"利改税"而言，企业承包制通过合同形式明确规定企业的权责利，对国家和企业的利润分配更加清晰、明确，无疑在实现企业自主经营、自负盈亏的目的上向前迈进了一步。然而承包制带来产权关系的混乱，造成国有企业经营普遍在承包期内追求短期利益，未能实现企业自负盈亏目的，预算软约束问题依然比较严重。

针对上述两次国有企业改革的失败，人们逐步认识到单纯放权让利并不能够解决国有企业预算软约束问题。在全面改革时期，国有企业改革转向企业制度创新，1994 年开始对国有企业进行公司制改制，然而国有企业只是形式上转变为国有独资企业，并没有形成有效的公司治理结构，其预算软约束问题仍没有解决。1998 年之后，国有企业开始引入多元股权结构并在此基础上建立了有效公司治理结构，建立所有者和经营者之间有效制衡关系，使得国有企业的预算约束硬化程度提高。2003 年国资委设立，专门对国有企业决策行为进行监督，使得国有企业更加注重利润目标，遏制其低效或者无效投资冲动。

正如林毅夫等（2004）指出，单纯的企业制度创新并不能够完全硬化国有企业的预算约束，国有企业承担的政策性负担是其预算软约束的真正根源。鉴于国有企业普遍承担较重的社会保障职能，对国有企业这部分负担进行剥离，打破政府对国有企业实行政策性补贴和政策性优惠的预期，对硬化国有企业的预算约束具有重要意义。自 1991 年国务院颁布《关于企业职工养老保险制度改革的决定》，开始在城镇广泛推行养老保险基金的社会统筹。1993 年党的十四届三中全会确立了养老保险和医疗保险的基本框架，并正式提出建立"失业保险制度"。此后，养老、医疗和失业保险制度都在逐步改革和完善过程中。对于国有企业普遍存在的冗员问题，在 20 世纪 90 年代末期开始大批分流企业的冗员。上述采取的一系列措施对减轻国有企业政策性负担起到了积极作用，促使其利润目标更加明确，有利于国有企业硬化预算约束。

同样，金融方面的改革也有助于增强国有企业的外在约束，进而使得国有企业的预算约束硬化水平得到提高。按照唐双宁（2005）的做法，中国银行业发展可以划分为三个阶段：1984—1994 年的国家专业银行阶段、1994—

2003 年的国有独资商业银行阶段、2003 年至今的股份制商业银行阶段。在国家专业银行阶段，专业银行具有一定的自主权，但其信贷资金受到国家信贷计划的限制。此外，专业银行既具有商业性职能，也承担政策性贷款业务，导致经常出现将政策性贷款挪用到商业性贷款，存在目标混乱和职责不清问题，无法对国有企业预算形成有效外部约束。在国有独资商业银行阶段，1994 年成立政策性银行将专业银行的政策性业务分离，1995 年颁布《中华人民共和国商业银行法》，从法律上确定将专业银行转为国有独资商业银行，实现商业化经营。不过，政府在该阶段对其干预程度仍然比较大，很难真正做到商业化经营，导致银行很难按照商业性原则对国有企业形成预算硬约束。此外，国有企业的不良贷款导致银行不良资产率大幅提高，导致金融系统的脆弱性增加。在 1999 年先后成立信达、华融、东方和长城四大资产管理公司，处理国有商业银行的不良资产。在股份制商业银行阶段，2003 年年底汇金公司对试点的中国银行和中国建设银行注资 450 亿美元，2005 年向中国工商银行注资 150 亿美元，2008 年向中国农业银行注资 190 亿美元，并对四大银行的不良资产进行剥离，先后通过"瘦身、注资、上市、引入战略投资者"等程序实现股份制改造（吴军和白云霞，2009），极大改善了银行的独立性、公司治理结构和信息披露等方面，使得国有银行对国有企业的预算约束硬化有强烈的激励和主动性。

　　进一步，图 5.1 从直观角度给出了经济中企业总体预算约束硬化水平不断提高的证据。具体来说，从固定投资的所有制结构来看：增量改革时期，国有企业投资在固定投资的份额均值近 68%，并一直维持在 60%以上，非国有企业则维持在 32%左右；而在全面改革时期，国有企业投资份额持续下降，从 1994 年的 56.4%下降到 2012 年的 25.7%，非国有企业投资则持续上升，在 2001 年首次超过国有企业。从固定投资的来源来看，自筹和其他资金的比重呈现上升趋势，从 1981 年的 55.4%逐步上升至 2012 年的 81.7%，这是由于非国有企业的正规融资能力明显弱于国有企业，其具有较强的内部现金流积累激励，使得非国有企业的自筹比率明显高于国有企业，在国有企业和非国有企业的自筹资金比率保持相对稳定时，国有企业固定投资份额的下降和非国有企业份额的上升会导致经济中平均的自筹资金比率呈现上升趋势，这是不同所有制类型企业的融资约束差异的表现（林建浩和王美今，2013），同样也是国有企业改革的结果。从信贷余额与 GDP 的比率来看，中国的金融总体效率也获得长足发展，这表明国有银行改革提高了其自主性，减少了政策性和指令性贷款，促使其按照商业化方式进行经营，进而提高了金融效率：一方面，遏制了国有企业的不良贷款，进而对国有企业的预算约束硬化起到外部约束，降低国有企业的投资冲动行为；另一方面，为非国有企业融资提供了必要金融资源，带来总体投资效率的提高。

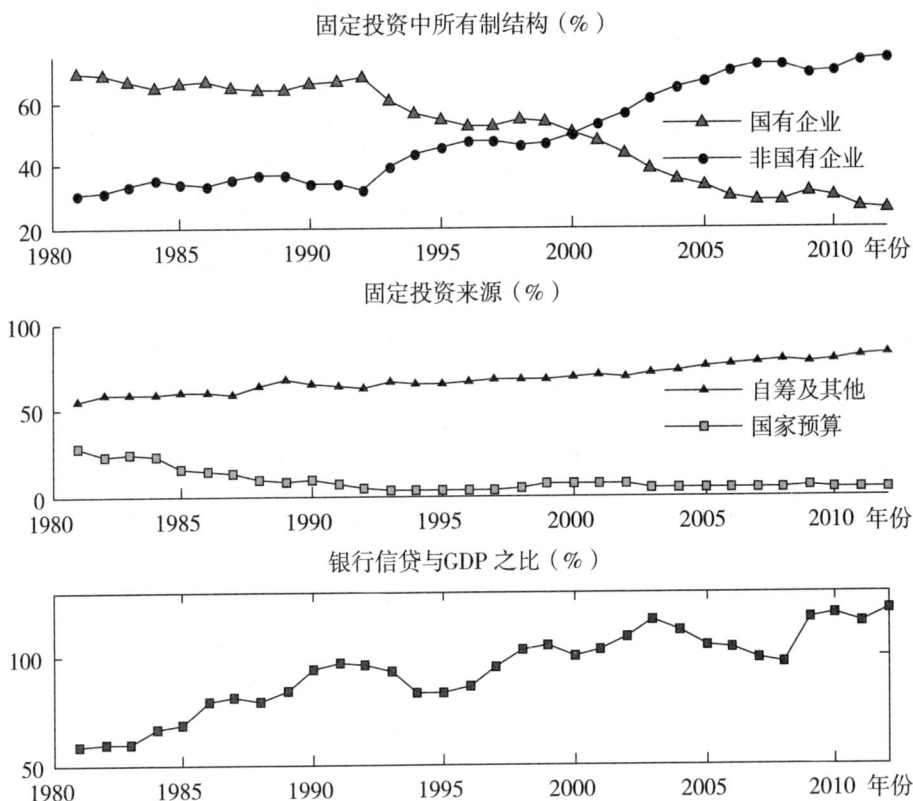

固定投资中所有制结构（%）

固定投资来源（%）

银行信贷与GDP之比（%）

图5.1　经济中企业总体预算约束硬化水平直观反映图示
数据来源：根据历年统计年鉴整理得到。

5.2.2　预算软约束、金融中介效率与宏观经济波动机制分析

宏观经济的波动状况在很大程度上取决于投资的波动状况（龚刚和林毅夫，2007），而中国以公有制为主体多种所有制经济共同发展的基本经济制度决定了微观投资主体的二元化：国有企业和非国有企业。通常，国有企业因

国有产权或"承担政策性负担"具有明显的预算软约束，并通过贷款援助、财政拨款、税收减免等方式获得金融资源，而非国有企业很难获得这种方式的金融资源，表现出具有较强预算硬约束。预算软约束导致国有企业对价格等变量反应缺乏敏感性，扭曲了其面临的真实融资约束，使其投资对内部现金流的依赖程度明显弱于非国有企业，降低了其对投资收益的重视程度，普遍存在投资冲动或者投资饥渴症状，投资普遍缺乏效率（朱红军等，2006；梅丹，2009）。注意到投资的高增长必然需要充足的金融资源支持，而中国以政府控制的国有银行信贷体制使得其成为可能（王晋斌，2000）。政府对国有银行对国有企业贷款的决策的强有力干预，导致国有银行产生对政府预算软约束的预期，进而降低了国有银行对国有企业的资产负债状况关注，使得缺乏对贷款后的国有企业监督的激励，使得国有企业的预算约束进一步软化（钟海燕等，2013）。

在增量改革时期，非国有企业获得迅速发展，而其金融机构从获得的信贷资金有限，投资严格受到内部积累资金的限制，预算约束非常强，对成本、价格、利率和投资风险等反应敏感，但其在社会固定投资份额仅维持在32%左右，对整个经济状况影响不显著；而国有经济国有企业在整个经济中起到举足轻重作用，其投资行为决定了整个经济波动态势。此时，国有企业存在严重的预算软约束问题，并且能够得到充足的金融资源支持，导致其投资普遍存在冲动行为且内部现金积累激励明显不足，并进一步带动非国有企业的投资，导致经济过热和物价高涨。由于国有企业对成本、价格、利率和投资风险缺乏敏感性，中央银行只能采取具有行政性质的紧缩性信贷规模控制，导致经济过度收缩。而当中央银行放松信贷时，预算软约束导致国有投资冲动得以复苏，从而经济得以重启。由此，经济形成中国特有的"一放就乱、一收就死"的模式，造成产出和通货膨胀大起大落，经济波动剧烈。

在全面改革时期，国有企业在企业制度创新和政策性负担消除两方面使得预算约束硬化水平得到提升，并且金融方面的改革使得国有银行对国有企业的预算约束硬化有强烈的激励和主动性，并增强了对非国有企业投资支持力度（林毅夫等，2004；吴军，2007；朱红军等，2006）。同时，国有企业投资份额下降：从1994年的56.4%下降到2012年的25.7%，非国有企业投资则持续上升，在2001年首次超过国有企业。由此，这些因素变动对经济产生两方面的影响：一方面，经济中的投资冲动得到有效抑制，促使企业重视内部资金积累，投资决策行为趋于理性，投资日益追求企业的长期效益，避免低效或无效投资决策；另一方面，预算约束硬化水平的提高使得企业对成本、价格、利率和风险等因素敏感性提高，有利于增强宏观政策调控的有效性。因此，当经济出现过热状况时，中央银行通过对利率等价格性工具进行调整导致企业融资成本增加，从而导致投资水平下降，产出水平下降，经济过热得到遏制；当经济出现衰退迹象时，中央银行则采取宽松货币政策，增加整个经济流动性，带来利率水平下降，提高企业的预期利润，促进企业增加投资，使得宏观经济较快触底反弹。同样，金融发展能够更加有效促进储蓄向投资的转化，减轻不利因素对企业投资决策的影响，避免投资过度波动，促进微观资源配置效率的提高。

综上所述，伴随企业预算约束不断硬化以及金融发展带来企业融资环境的改善，以国有企业和非国有企业构成的二元微观经济主体的投资行为日益趋于理性化，由此带来企业投资波动的下降，最终促使经济波动出现平稳化。在增量改革时期，国有企业在整个经济中起到举足轻重地位，其预算软约束导致企业投资具有饥渴症状，而金融中介在此阶段处于被动地位，无法正常发挥其功能，导致经济波动呈现大起大落特征；在全面改革时期，中国社会主义市场经济初步建立并逐步完善，企业预算约束得到硬化，金融中介功能得以正常发挥，企业投资更加注重效率，投资波动显著下降，带来产出波动的下降。

第三节 理论模型构建

伴随企业预算约束硬化水平和金融中介效率的不断提高，企业日益重视内部资金积累，其投资行为趋于理性化。基于上述事实，本章在新凯恩斯粘性价格模型中引入投资的 CIA 约束和金融中介效率因素，以此分析中国经济波动问题。具体来说，模型主要涉及家庭、企业、金融中介和货币当局四类经济主体。

5.3.1 家庭

假设代表性家庭在每期中选择消费 C_t、储蓄 D_t、货币余额 M_t、劳动供给 N_t、投资 I_t 和下一期的资本存量 K_{t+1}，以实现永久性效用水平的最大化：

$$\max E_0 \sum_{t=0}^{\infty} \beta^t \left[\frac{C_t^{1-\sigma}}{1-\sigma} - \xi \frac{N_t^{1+\nu}}{1+\nu} \right]$$

其中，E 表示期望算子，β 表示家庭主观贴现因子，σ 表示相对风险厌恶系数，ξ 表示消费和闲暇的相对权重，ν 表示劳动供给弹性的倒数。家庭在第 t 期期初持有资本 K_t、名义货币余额 M_{t-1} 和储蓄总收益 $R_{t-1}D_{t-1}$，R_t 表示从第 t – 1 期到第 t 期储蓄的总收益率。在第 t 期期间，家庭获得工资收入 $w_t N_t$、资本租赁收益 $r_t K_t$ 以及来自厂商和金融中介的利润 π_t 和 π_t^F。因此，家庭的跨期预算约束可以表示为：

$$C_t + I_t + \frac{M_t + D_t}{P_t} = \frac{M_{t-1} + R_{t-1}D_{t-1}}{P_t} + r_t K_t + w_t N_t + \pi_t + \pi_t^F \qquad (5.1)$$

考虑到企业预算约束状况与其内部现金积累存在密切关联：当预算软约束问题比较严重时，企业获取廉价的外部金融资源资金非常容易，导致其从经营现金流中积累现金来满足投资需求的激励严重不足。此时，投资受到融资约束的可能性非常小，企业普遍存在投资冲动行为；而当预算约束不断硬化时，企业获取廉价的外部金融资源日益困难，由于外部融资成本高于内部融资成本，促使企业注重内部现金积累。由此，投资总额中来源于企业内部资金的比例提高。基于上述情况，借鉴 Wang and Wen（2006）的做法，假设经济中消费和投资均受到 CIA 约束，投资受到部分 CIA 约束：[①]

$$C_t + \eta I_t \leqslant \frac{M_t}{P_t} \qquad (5.2)$$

其中，参数 η 表示社会总投资受到融资约束的程度即企业投资对内部现金流的依赖程度，在一定程度上反映了企业预算约束硬化水平的高低。伴随国有企业预算软约束问题改善，同时天然具有预算硬约束的非国有企业在整个国民经济中份额的上升，使得整体社会预算约束硬化水平提高，进而促使总投资日益趋于理性化。

陈师和赵磊（2009b）指出投资专有性技术冲击对解释中国经济波动具有重要作用，假设经济中的资本存量运动方程可以表示为：

---

① 正如 Wang and Wen（2006）指出当假设社会总投资由两部分构成：$I_t = I_1 + I_2$，其中 I_1 完全受到 CIA 约束，而 I_2 则不受到 CIA 约束，则社会总投资关于实际现金流量的弹性表示为 $(\partial I/I)/\partial m/m = \eta$。因此，考虑到以国有企业和非国有企业构成的二元微观经济主体特性，可以用参数 η 描述整个经济中企业总体预算约束的变动状况。

$$K_{t+1} = (1 - \delta)K_{t-1} + x_t I_t - \frac{\chi}{2}\left(\frac{K_{t+1}}{K_t} - 1\right)^2 K_t \tag{5.3}$$

其中，参数 δ 表示资本折旧率，投资专有技术冲击 x_t 满足 AR（1）过程：$\log(x_t) = (1 - \rho_x)\log(x) + \rho_x \log(x_{t-1}) + \varepsilon_{xt}$。其中，$\rho_x \in (-1, 1)$ 为 AR（1）的系数，ε_{xt} 服从均值为零且标准差为 σ_x 的正态分布。

假定家庭约束条件（5.1）（5.2）和（5.3）所对应的拉格朗日乘数分别为 Λ_{1t}、Λ_{2t} 和 Q_t。其中，Λ_{1t} 表示财富的边际效用，Λ_{2t} 表示货币提供流动性服务的价值，Q_t 衡量了资本的价值（也称作托宾 Q）。由此，家庭决策的最优一阶条件可以表示为：

Ct：　　$C_t^{-\sigma} = \Lambda_{1t} + \Lambda_{2t}$ (5.4)

N_t：　　$\xi N_t^\nu = \Lambda_{1t} w_t$ (5.5)

K_{t+1}：　　$\Lambda_{3t}\left[\chi\left(\frac{K_{t+1}}{K_t} - 1\right) + 1\right] = \beta\left\{\Lambda_{1t+1}r_{t+1} + \Lambda_{3t+1}\left[1 - \delta + \frac{\chi}{2}\left(\frac{K_{t+1}^2}{K_t^2} - 1\right)\right]\right\}$

$$\tag{5.6}$$

I_t：　　$\Lambda_{1t} + \eta\Lambda_{2t} = x_t\Lambda_{3t}$ (5.7)

M_t：　　$\Lambda_{1t} = \beta E_t \Lambda_{1t+1}\dfrac{P_t}{P_{t+1}} + \Lambda_{2t}$ (5.8)

D_t：　　$\dfrac{\Lambda_{1t}}{R_t} = \beta E_t \Lambda_{1t+1}\dfrac{P_t}{P_{t+1}}$ (5.9)

5.3.2 企业

假设经济中存在两种类型企业：最终品生产者和中间品生产者。最终品生产者按照不变替代弹性技术（Constant Elasticity of Substitution Technology，简称 CSE 技术）将中间品 Y_{it} 打包成最终品 Y_t：$Y_t = \left[\int_0^1 Y_{it}^{(\varepsilon-1)/\varepsilon} di\right]^{\varepsilon/(\varepsilon-1)}$。其中，参数 ε 表示不同中间品之间的替代弹性。处于完全竞争的市场环境中的最终品生产者，在既定的中间品价格 P_{it} 和最终品价格 P_t 下，根据利润最大化目标得到厂商 i 的需求函数：$Y_{it} = (P_{it}/P_t)^{-\varepsilon}Y_t$，价格水平满足 $P_t = \left(\int_0^1 P_{it}^{1-\varepsilon} di\right)^{1/(1-\varepsilon)}$。

为了分析在不同预算约束硬化水平下，金融中介效率对企业生产的影响，借鉴许伟和陈斌开（2009）的做法，假设中间品厂商使用真实信贷 χ_{it}、资本 K_{it} 和劳动 N_{it} 进行生产，其生产技术：

$$Y_{it} = A\chi_{it}^{\psi} \left[K_{it}^{\alpha} N_{it}^{1-\alpha} \right]^{1-\psi} \tag{5.10}$$

其中，参数 $\psi \in [0, 1]$ 表示银行信贷占总要素投入的份额，参数 $\alpha \in [0, 1]$ 则表示资本占总物质要素投入即非信贷投入的份额。A_t 表示技术冲击，遵循 AR（1）过程：$\log(A_t) = (1-\rho_a)\log(A) + \rho_a\log(A_{t-1}) + \varepsilon_{A, t}$。其中，$\rho_a \in (0, 1)$ 为 AR（1）的系数，$A > 0$ 为常数，ε_{at} 服从均值为零且标准差为 σ_A 的正态分布。

正如许伟和陈斌开（2009）指出，上述生产函数具有两点优势：第一，Bernanke and Blinder（1988）认为银行信贷对经济波动产生影响需要信贷和资本具有不完全的替代性，即参数应该满足 $0 < \psi < 1$；第二，由于获取中国信贷流量数据较困难，而银行信贷 χ_{it} 为存量指标，便于利用信贷余额数据进行拟合，从而避免了通过营运资本（Working Capital）方式引入银行信贷而造成参数校准赋值的困难。

假设中间品厂商处于完全竞争的要素市场，则成本最小化意味着中间品厂商的要素投入满足如下条件：

$$N_{it}: \quad w_t = (1-\psi)(1-\alpha)MC_t\frac{Y_{it}}{N_{it}} \tag{5.11}$$

$$K_{it}: \quad r_t = (1-\psi)\alpha MC_t\frac{Y_{it}}{K_{it}} \tag{5.12}$$

$$\chi_{it}: \quad R_t^l = \psi MC_t\frac{Y_{it}}{\chi_{it}} \tag{5.13}$$

其中，w_t 表示实际工资，r_t 表示资本的租赁价格，R_t^l 表示银行信贷价格。进一步根据中间品生产者的生产函数和要素投入最优条件，经过简单计算不难得到实际边际成本：

$$MC_t = \frac{1}{A_t}\left(\frac{R_t^l}{\psi}\right)^{\psi}\left[\frac{r_t}{(1-\psi)\alpha}\right]^{(1-\psi)\alpha}\left[\frac{w_t}{(1-\psi)(1-\alpha)}\right]^{(1-\psi)(1-\alpha)}$$

假设中间品厂商遵循 Calvo 方式进行价格调整，即在每期中，$1-\theta$ 份额的厂商调整价格，而其他厂商保持原来的价格不变。因此，在每期进行价格调整的厂商 i 选择最优定价 P_t^* 以实现利润贴现流最大化：

$$E_t \sum_{s=0}^{\infty} (\beta\theta)^s \frac{\Lambda_{t+s}}{\Lambda_t} \left[\frac{P_t^*}{P_{t+s}} - MC_{t+s} \right] Y_{i,\,t+s}$$

其中，$\Lambda_{t,\,t+s} \equiv [C_{t+s}/C_t]^{-\sigma}$ 表示家庭消费边际效用的比率，厂商视为外生给定。因此，厂商 i 制定的最优价格 P_t^* 满足：

$$E_t \sum_{s=0}^{\infty} (\beta\theta)^s \Lambda_{t+s} Y_{i,\,t+s} \left[P_t^* - \frac{\varepsilon}{\varepsilon-1} P_{t+s} MC_{t+s} \right] = 0 \qquad (5.14)$$

在金融市场完备的条件下，所有调整价格的厂商面临的决策环境均相同，因此，他们将设定相同的价格，而所有不调整价格厂商则保持前一期的价格 P_{t-1}。当每期中调整价格厂商的份额为 $1-\theta$ 时，最终品的价格指数可以表示为：

$$P_t = \left[\theta P_{t-1}^{1-\varepsilon} + (1-\theta) P_t^{*\,1-\varepsilon} \right]^{1/(1-\varepsilon)} \qquad (5.15)$$

5.3.3 金融中介

在每期期初，金融中介获得来自家庭储蓄 D_t，然后向中间品厂商贷款 L_t。由于每个中间品厂商生产过程中使用的真实信贷额为 χ_{it}，因此金融中介向企业的贷款总额满足：$L_t = \int_0^1 P_t \chi_{it} di$。借鉴 Atta-Mensah and Dib（2008）和鄢莉莉（2012）的做法，假设金融中介的贷款生产技术为 $L_t = \kappa (Y_t/Y)^{\tau} D_t$。其中，参数 $\kappa \in (0, 1)$ 表示经济稳态水平的存贷款比率。参数 κ 取值越大，说明金融中介将家庭储蓄转化为企业贷款的效率越高，有利于减小存贷利差，进而减轻金融摩擦程度。[①]$(Y_t/Y)^{\tau}$ 表明宏观经济形势会影响到金融中介的贷款意愿，参数 τ 衡量了借贷意愿关于经济活动的弹性大小。当 $\tau > 0$ 时，表明金融中介的借贷行为具有顺周期性：在经济活动高涨时，企业的现金流和资产净值相对较高，金融中介更倾向于向企业借款。

在每期期末，金融中介从中间品厂商获得贷款的收入 $R_t^l L_t$，并向家庭的储蓄支付 $R_t D_t$。其中，R_t^l 表示从第 $t-1$ 期到第 t 期企业贷款的毛利息率。因此，金融中介的利润函数可以表示为：

---

① 当模型经济处于稳态时，存在如下关系：$\frac{R^l-1}{R-1} = \frac{1}{\kappa} \simeq \hat{R}^l - \hat{R} > 0$，$\kappa \in (0, 1)$。信息技术改善和金融创新均能够带来金融中介运行成本的下降，并提高其贷款能力，模型中则表现为参数 $\in$ 取值增大，进而减小存贷利差。

$$\pi_t^F = R_t^l L_t + D_t - L_t - R_t D_t$$

假设信贷市场是完全竞争的，金融中介最终只能获得零利润。因此，金融中介的最优贷款满足如下条件：

$$(R_t^l - 1)L_t = (R_t - 1)D_t。 \tag{5.16}$$

5.3.4　货币当局

本章在货币经济的环境下讨论企业预算约束硬化和金融中介效率对中国经济波动的影响，因此必须考虑货币政策对经济波动的影响。在考察模型对中国实际经济波动特征的解释力度以及讨论企业预算约束硬化水平变动对经济波动的影响时，本章采用外生的货币供给过程，并且假设货币增长率服从AR（1）过程：

$$u_t = \rho_m u_{t-1} + \varepsilon_{mt}$$

其中，u_t 表示名义货币增长率，即 $1 + u_t = M_t / M_{t-1}$，ρ_m 为 AR（1）的系数，ε_{mt} 服从均值为零和标准差为 σ_m 的正态分布。

考虑到金融中介效率的提高促进了家庭储蓄向企业贷款的转换，进而改善了金融资源的配置效率，优化了货币政策实施环境。鉴于货币政策调控会影响到金融中介的信贷行为，进而影响到企业贷款和产出水平的变动。因此，在考察金融中介效率对经济波动的影响时，本章将货币政策设定为具有稳定效应的形式。由于中国主要以货币供给量为主的货币政策，根据 Zhang（2009）的研究，采用具有稳定经济效应的麦卡勒姆货币供给规则：

$$u_t = a_u u_{t-1} - a_\pi E_t \hat{\Pi}_{t+1} - a_y \hat{Y}_t + \varepsilon_{mt}$$

其中，参数 a_u 表示调控货币增长率的平滑程度，参数 a_π 表明货币政策调控具有前瞻性特点，参数 $a_y > 0$ 表示货币政策具有逆周期性。当 $a_\pi = a_y = 0$ 时，上述货币供给法则退化为外生的货币供给规则。

5.3.5　市场出清

当产品市场出清时，具有如下关系：

$$Y_t = C_t + I_t \tag{5.17}$$

5.3.6　模型对数线性化形式

为方便分析模型在稳态水平的动态过程，对模型行为方程进行对数线性化处理。这里，令 $\hat{X}_t = \log(X_t/X)$。其中，X 表示变量 X_t 的稳态水平，$\hat{X}_t$ 表示变量 X_t 偏离稳态水平的百分比。

$$\hat{\Lambda}_{1t} = -\sigma \hat{C}_t - \frac{\beta}{2-\beta} \hat{R}_t \tag{5.18}$$

$$\hat{\Lambda}_{2t} = -\sigma \hat{C}_t + \frac{\beta}{(1-\beta)(2-\beta)} \hat{R}_t \tag{5.19}$$

$$\hat{\Lambda}_{1t} = \hat{\Lambda}_{1t+1} + \hat{R}_t - \hat{\Pi}_{t+1} \tag{5.20}$$

$$\hat{\Lambda}_{1t} + \chi(\hat{K}_{t+1} - \hat{K}_t) = \beta \left[r \frac{\Lambda_1}{Q}(\hat{\Lambda}_{1t+1} + \hat{r}_{t+1}) + (1-\delta)\hat{Q}_{t+1} + \chi(\hat{K}_{t+2} - \hat{K}_{t+1}) \right] \tag{5.21}$$

$$\Lambda_1 \hat{\Lambda}_{1t} + \eta \Lambda_2 \hat{\Lambda}_{2t} = \Lambda_3(\hat{x}_t + \hat{Q}_t) \tag{5.22}$$

$$\nu \hat{N}_t = \hat{\Lambda}_{1t} + \hat{w}_t \tag{5.23}$$

$$\eta \hat{Y}_t + (1-\eta)\frac{C}{Y}\hat{C}_t = \frac{m}{Y}\hat{m}_t \tag{5.24}$$

$$\hat{\Pi}_t = \beta \hat{\Pi}_{t+1} + \frac{(1-\theta)(1-\beta\theta)}{\theta}\widehat{MC}_t \tag{5.25}$$

$$\hat{w}_t = \widehat{MC}_t + \hat{Y}_t - \hat{N}_t \tag{5.26}$$

$$\hat{r}_t = \widehat{MC}_t + \hat{Y}_t - \hat{K}_t \tag{5.27}$$

$$\hat{R}_t^l = \widehat{MC}_t + \hat{Y}_t - \hat{X}_t \tag{5.28}$$

$$\hat{m}_t = \hat{m}_{t-1} + \hat{u}_t - \hat{\Pi}_t \tag{5.29}$$

$$\hat{Y}_t = \frac{C}{Y}\hat{C}_t + \frac{I}{Y}\hat{I}_t \tag{5.30}$$

$$\hat{K}_{t+1} = (1-\delta)\hat{K}_t + \delta\hat{I}_t + \delta\hat{x}_t \tag{5.31}$$

$$\tau \hat{Y}_t + \kappa \frac{R^l}{R-1}\hat{R}_t^l + \hat{z}_t = \frac{R}{R-1}\hat{R}_t \tag{5.32}$$

$$\hat{Y}_t = \hat{A}_t + \psi\hat{X}_t + (1-\psi)\alpha\hat{K}_t + (1-\psi)(1-\alpha)\hat{N}_t \tag{5.33}$$

$$\hat{x}_t = \rho_x \hat{x}_{t-1} + \varepsilon_{xt} \tag{5.34}$$

$$\hat{A}_t = \rho_a \hat{A}_{t-1} + \varepsilon_{A,t} \tag{5.35}$$

$$u_t = \rho_m u_{t-1} + \varepsilon_{mt} \qquad\qquad (5.36.a)$$

$$u_t = a_u u_{t-1} - a_\pi E_t \hat{\Pi}_{t+1} - a_y \hat{Y}_t + \varepsilon_{mt} \qquad (5.36.b)$$

等式（5.18）是家庭财富边际效用的对数线性化形式，等式（5.19）是货币提供流动性服务成本的对数线性化形式，等式（5.20）表示家庭储蓄跨期欧拉方程的对数线性化形式，等式（5.21）表示跨期资本跨期欧拉方程的对数线性化形式，等式（5.22）表示投资一阶条件的对数线性化形式，等式（5.23）表示家庭劳动供给的对数线性化形式，等式（5.24）表示消费和投资的 CIA 约束的对数线性化形式，等式（5.25）表示具有前瞻性的新凯恩斯菲利普斯曲线（简称 NKPC），等式（5.26）表示中间品厂商的劳动需求的对数线性化形式，等式（5.27）表示中间品厂商的资本需求的对数线性化形式，等式（5.28）表示中间品厂商的信贷需求，等式（5.29）表示货币存量运动方程的对数线性化形式，等式（5.30）表示经济中的资源约束对数线性化形式，等式（5.31）表示经济中资本总量的运动方程的对数线性化形式，等式（5.32）表示金融中介信贷供给的对数线性化形式，等式（5.33）表示生产函数的对数线性化形式，等式（5.34）表示投资专有性冲击，等式（5.35）表示技术冲击，等式（5.36a–b）表示货币供给法则。

第四节　模型参数校准

为了对模型进行数值模拟，本章首先对模型基本参数进行校准赋值。对于家庭主观贴现因子 β、相对风险厌恶系数 σ、资本折旧率 δ、资本产出弹性 α、投资专有性冲击参数 ρ_x 和 σ_x 直接参考第四章的取值，这里不再赘述。参考一般文献设定，将劳动供给弹性的倒数 ν 设定为 0，这意味着家庭的劳动供给具有不可分性。按照 Hansen（1985）的做法，校准家庭消费与闲暇的相对权重参数 ξ 使得稳态的家庭劳动供给水平为 1/3 即劳动者每天工作时间为 8 小时。[①]根据 Aguiar and Gopinath（2007）对新兴市场国家的研究，将资本的调整成本参数 χ 设定为 2.82。考虑到中国由国有企业和非国有企业构成的二元投资主体，利用 1980—2012 年固定投资数据，得到非国有企业投资份额的平

---

① 利用家庭劳动供给条件 $\xi N_t^v = \Lambda_{1t} w_t$ 进行校准，具体过程参见附录 B。

均值为 0.48，因此，这里将参数 η 设定为 0.48。遵循一般文献的设定，将不同中间品之间的替代弹性 ε 设定为 6，这意味着稳态水平下厂商的价格加成为 20%，价格粘性参数 θ 设定为 0.75，这意味着经济大约经历一年时间对价格作出完全调整。参考 Atta-Mensah and Dib（2008）的研究，将银行信贷占总要素投入份额 ψ 设定为 0.28。对于技术冲击来说，根据总量生产函数 $Y_t = A\chi_t^{\psi}\left[K_t^{\alpha}N_t^{1-\alpha}\right]^{1-\psi}$ 得到索罗剩余 sr_t 表达式为 $sr_t = \ln Y_t - \psi\ln\chi_t - (1-\psi)\alpha\ln K_t - (1-\psi)(1-\alpha)\ln N_t$，进而利用 1978—2012 年的数据得到索罗剩余 sr_t 的时间序列；其次，对索罗剩余 sr_t 进行线性滤波，得到技术冲击的波动成分 s_t；最后，根据假设技术冲击服从 AR（1）过程，对波动项进行无截距项的一阶自回归即 $s_t = \rho_a s_{t-1} + resid$，得到得到技术冲击的一阶自回归系数 ρ_a 为 0.6744，标准差 σ_a 为 0.0307。其中，实际信贷数据通过对金融机构的各项贷款余额数据进行折减得到，资本存量数据利用单豪杰（2008）的方法得到。参考李松华（2010）的研究，将金融中介贷款意愿关于经济活动的弹性参数 τ 设定为 1.12。考虑到中国的存贷款利率并没有实现完全由市场决定，而是由货币当局决定，并不能够真实反映的信贷供求状况，其大小并非存贷款的真实价格。这里，借鉴鄢莉莉（2012）的研究，金融中介稳态的存贷比重参数 κ 可以根据存贷比数据得到，将其赋值为 0.666。参考于尚艳和易小丽（2013）的研究，将外生的货币供给的一阶自回归系数 ρ_m 设定为 0.42，标准差 σ_m 设定为 0.027。对于麦卡勒姆货币供给规则的参数，参考 Zhang（2009）的研究，a_u 设定为 0.8，a_{π} 设定为 1，a_y 设定为 0.5。

表 5.1　模型基本参数校准结果

参数	β	σ	ν	η	δ	χ	ρ_x	σ_x	ε
取值	0.945	1	0	0.48	0.1096	2.82	0.717	0.0340	6
参数	θ	ψ	α	ρ_a	σ_a	τ	κ	a_u	a_{π}
取值	0.75	0.28	0.437	0.6744	0.0307	1.12	0.666	0.81	
参数	a_y	ρ_m	σ_m	ξ					
取值	0.6	0.42	0.027	校准					

第五节 数值模拟与分析

5.5.1 模型模拟结果基本评价

为了更好地衡量企业预算约束硬化和金融中介效率对经济波动的影响，本节考察模型模拟的产出、资本、投资和消费等主要宏观经济变量的理论值是否与中国实际经济波动特征相吻合。本章的理论模型包括技术冲击、投资专有性冲击和货币冲击，随着三种外生冲击逐步引入模型，模拟的结果逐步改善，与实际经济波动特征越来越吻合。这里仅给出模型包含完整冲击的模拟结果，具体见表 5.2。

表 5.2 包含投资 CIA 约束和金融中介的新凯恩斯粘性价格模型的模拟结果

变量	实际经济			模型模拟结果			Kydland-Prescott 方差比
	标准差	与产出相关系数	一阶自相关系数	标准差	与产出相关系数	一阶自相关系数	
产出	0.0311	1.000	0.693	0.0262	1.0000	0.6282	0.842
消费	0.0348	0.607	0.617	0.0183	0.8820	0.6765	0.526
投资	0.0732	0.854	0.636	0.0660	0.9013	0.4946	0.902
资本	0.0346	0.592	0.698	0.0159	0.5142	0.8123	0.460

从产出的波动性来看，模拟的结果为 2.62%，略小于实际值 3.11%，Kydland-Prescott 方差比为 84.2%，这说明模型能够解释产出波动的 84.2%。从消费的波动性来看，模拟的结果为 2.83%，略小于实际值 3.48%，Kydland-Prescott 方差比为 81.3%，这说明模型能够解释投资波动的 81.3%。从投资的波动性来看，模拟的结果为 6.60%，略小于实际值 7.32%，Kydland-Prescott 方差比为 90.2%，这说明模型能够解释投资波动的 90.2%。从资本的波动性来看，模拟的结果为 1.59%，远小于实际值 3.46%，Kydland-Prescott 方差比仅为 46.0%，这说明模型仅能够解释资本波动的 46.0%。不过，从资本与产出的相关性和资本的持续性来看，模拟的结果与实际值比较吻合。总体而言，模型能够较好地再现中国实际经济的波动特征。

5.5.2   模型对经济波动的平稳化解释

根据本章第二节分析，消费和投资均受到 CIA 约束影响即 $C_t + \eta I_t \leqslant M_t/P_t$，参数 η 反映了企业投资使用内部积累现金的比例，在一定程度上可以作为企业预算约束硬化水平的代理指标。因此，本节通过改变参数 η 取值研究企业预算约束硬化改变对中国经济波动的影响。

图 5.2 给出了企业预算约束硬化水平变动对产出波动的影响。随着参数 η 取值的不断增大，模拟的产出波动标准差呈现单调下降趋势：当参数 $\eta = 0$ 时，企业预算软约束问题非常严重，投资获取廉价的外部资金极容易，内部现金积累激励严重不足。面对自身利益最大化，企业普遍存在投资冲动或者投资饥渴症状，单纯的市场型（价格、利率和风险等）调节无法起到约束企业行为的目的，政府只能采取紧缩性指令性信贷规模政策来抑制经济过热，导致投资大幅下降，进而导致产出大幅波动；伴随参数 η 取值不断增大，企业预算硬化水平不断提高，投资受到的外部融资约束增强，企业只有内部资金积累达到一定规模才能进行投资，促使其重视内部现金积累，由此，企业投资冲动行为通过内部实际货币余额积累方式得到抑制，进而促使产出波动的下降。同时，企业日益重视投资效率，对利率和风险等变量反应敏感度增强，有利于政府宏观微调政策的实施。从具体模拟数值来看，当参数 η 取值为 0 时，模拟的产出波动标准差为 3.39%；而当参数 η 取值为 1 时，模拟的产出波动标准差下降为 2.25%，下降幅度达到 1.15%。

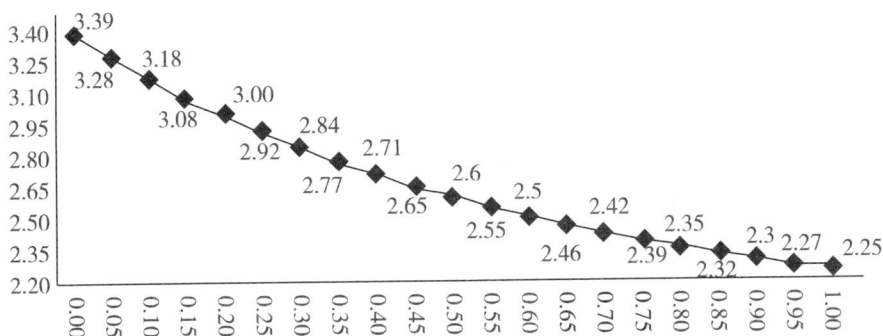

图 5.2   企业预算约束硬化水平变动与模拟的产出波动标准差

进一步观察图 5.2 不难发现，当参数 η 取值在区间（0，0.5）变动时，模拟的产出波动标准差下降幅度比较明显，从 3.39% 下降为 2.60%；而当参数 η 取值在区间（0.5, 1）变动时，模拟的产出波动标准差下降幅度较小，从 2.60% 下降为 2.25%。模拟的产出波动标准差在区间（0, 0.5）的下降幅度是区间（0.5, 1）的 2.26 倍。[①] 这种参数 η 在不同区间变动导致的模拟产出波动变动的差异说明：当企业预算软约束问题初步解决时，企业的投资冲动行为能够得到显著抑制，进而带来产出波动的显著下降。结合本章第二节的分析，在增量改革时期，国有企业预算软约束问题非常严重，而非国有企业在经济中份额较小，国有经济在整个经济中起到举足轻重作用，其投资行为决定了整个经济波动态势；而在全面改革时期，国有企业改革转向企业制度创新，其预算软约束问题得到明显改善，同时天然具有预算硬约束的非国有企业在整个国民经济中份额上升。因此，经济中企业的总体预算硬化水平在 20 世纪 90 年代中期存在显著的改变，而这种改变促使经济波动显著下降。因此，模型经济为 20 世纪 90 年代中期出现的中国经济波动特征转变提供了一定的理论佐证。

为了深入理解企业预算约束变动对经济波动的具体影响机制，本节接下来对模型经济的动态特征进行考察。图 5.3 给出在不同预算约束硬化水平下，当模型经济受到 1% 的正向技术冲击、正向货币冲击和正向投资专有性冲击时，产出和投资的脉冲响应图示。图中横轴表示时期数，纵轴表示经济变量偏离稳态水平的百分比。这里，参数 η 分别取 0、0.5 和 1。

根据图 5.3 可知，当模型经济受到外生冲击时，产出和投资先逐步上升然后逐步恢复到稳态水平，并且随着参数 η 不断增大，即企业预算约束硬化水平的提高，产出和投资对外生冲击的响应逐步减弱。不过，产出和投资对不同冲击的响应存在一定差异。具体来说，从图 5.3 第一行来看，当模型经济受到 1% 的正向技术冲击时，技术冲击主要对生产函数产生影响，一方面带来产出水平的提高，另一方面提高了资本回报率和实际工资水平，促使投资和消费需求的增加。由于消费完全受到 CIA 约束，而投资受到 CIA 约束程度依赖于参数 η，经济主体必须积累足够的实际货币余额才能够进行需求支出，进而对经济的总需求产生了跨期平滑效果。当参数 η 取值越大时，投资所需要的企业内部现金比例愈高，CIA 约束对总需求的平滑效果越明显，技术冲击对投资和产出的影响明显减弱，并且二者对技术冲击的响应呈现的"驼峰

---

① 利用式子 $\dfrac{3.39-2.60}{2.60-2.25}=2.26$ 得到。

状"越明显。从图5.3第二行来看，由于经济中粘性价格因素的存在，名义货币量的变动大于通货膨胀的变动，正向的货币冲击带来实际货币余额的增加，缓解了CIA约束对消费和投资的影响，模拟结果来看：投资初始偏离稳态的幅度达到4%以上，而产出偏离稳态的幅度达到2%以上，并且脉冲响应图没有呈现明显的"驼峰状"，这说明消费和投资对货币冲击的响应明显大于技术冲击，这印证了本章第二节的分析：当企业预算软约束问题比较严重且货币政策处于被动地位时，经济中名义货币数量的剧烈变动造成总需求的不稳定，这表现为货币冲击是造成经济波动的重要因素。从图5.3第三行可以看出，当经济受到1%的投资专有性冲击时，企业投资效率获得明显改善，促使企业投资水平明显提高。不过，投资受到CIA约束，企业只有积累足够的实际货币余额才能够进行投资，因此随着参数 η 取值的增大，产出和投资对投资专有性冲击的响应逐步降低。

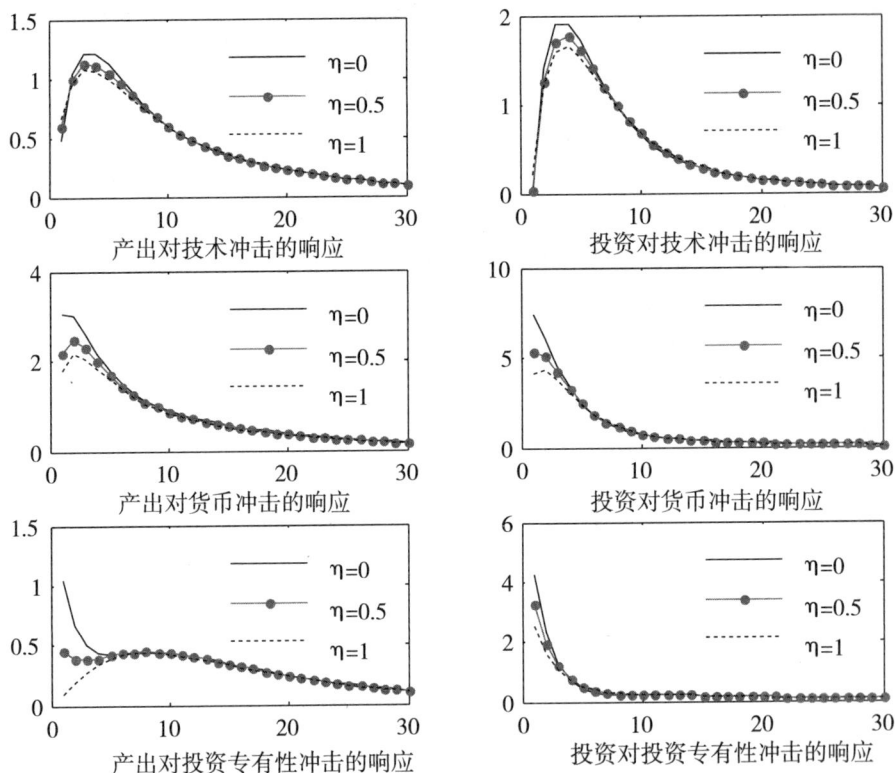

图5.3 不同预算约束硬化水平下，外生冲击对产出和投资的脉冲反应图

5.5.3 金融中介效率对经济波动的影响

为了考察金融中介效率对经济波动的影响，图 5.4 和图 5.5 分别给出了不同预算约束硬化和金融中介效率水平下，货币冲击和非货币冲击对产出、消费、投资、信贷主要宏观经济变量的脉冲响应图示。[①]图中虚线表示金融中介效率水平参数 κ 取值 0.85，实线则表示参数 κ 取值 0.35。此外，图中第一至三行分别表示参数 η 取值为 0、0.5 和 1。

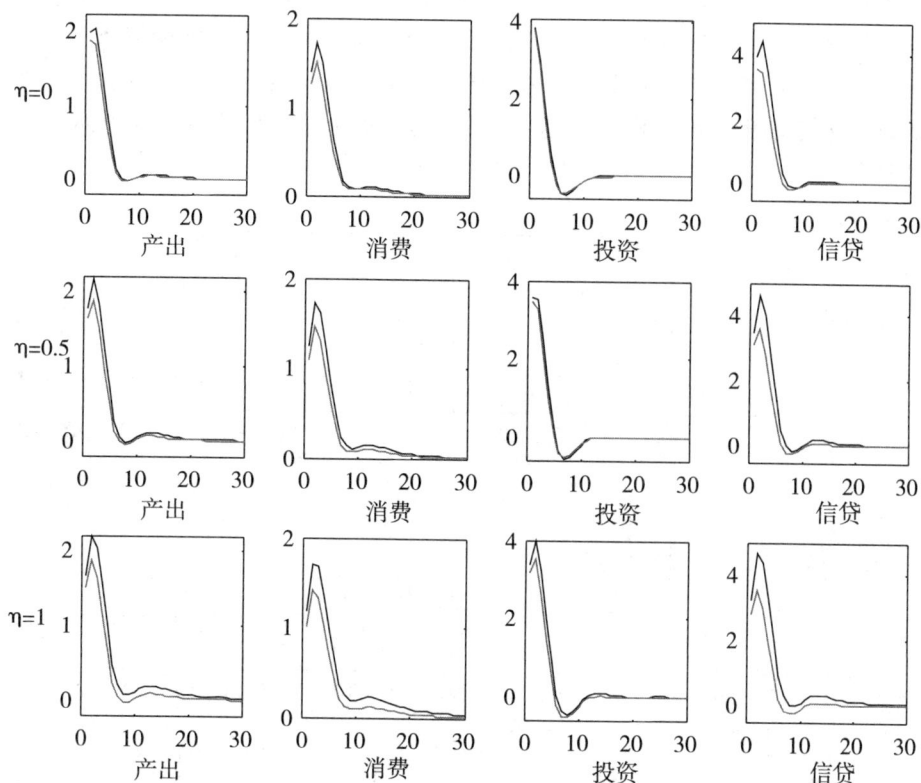

图 5.4　不同预算约束硬化和金融中介效率水平下，货币冲击对主要变量影响

根据图 5.4 可知，当经济受到正向的货币冲击时，货币增长率提高，经

---

① 这里，非货币冲击是指技术冲击和投资专有性冲击的两种冲击的组合。

济中流通的名义货币数量增加，带来两方面效应：一方面，由于价格粘性因素的存在，名义货币量的变动大于通货膨胀的变动，实际货币余额增加，消费和投资的 CIA 约束得到缓解，促使消费和投资支出提高；另一方面，家庭持有的现金数量增加，使得金融中介吸收的储蓄数量增加，带来储蓄利率和贷款利率水平的下降，导致家庭消费和企业贷款的增加。由此，经济中总需求增加导致产出水平提高，并伴随物价水平的提高。此时，货币当局按照货币规则降低了货币实际增长率，从而带来流通中货币数量下降，进而使得消费和投资的 CIA 约束程度提高，从而利率水平提高。由此，整个经济的消费、投资和信贷水平上升趋势得到抑制，并以较快速度回落到初始稳态水平。注意到 CIA 约束产生的实际货币余额渠道和利率渠道均会影响到投资和信贷的变动，这使得投资和信贷在峰值水平回落过程中出现低于初始稳态水平的情形。

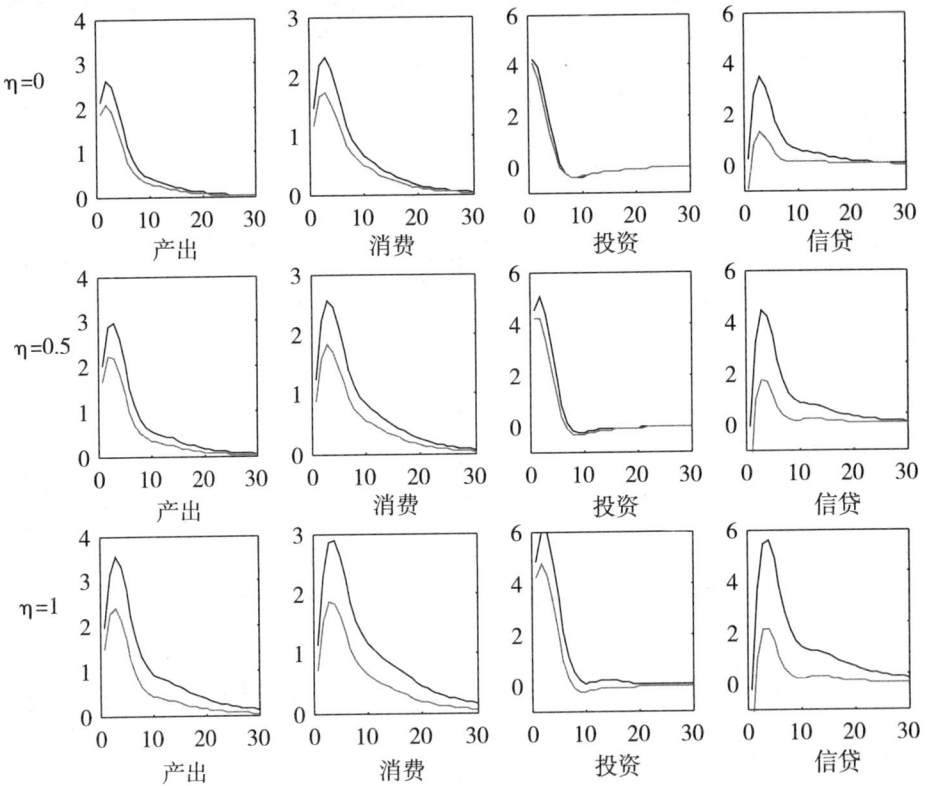

图 5.5 不同预算约束硬化和金融中介效率水平下，非货币冲击对主要变量影响

进一步观察图 5.4，不难发现，不管企业预算约束硬化水平如何，金融中介效率水平的提高均能够降低货币冲击对经济的影响，促使经济较快恢复稳态水平，提高了经济吸收冲击能力，增强了经济稳定性。具体来说，金融中介效率的提高意味着金融中介降低了信贷市场信息不对称的程度，使得家庭储蓄向企业贷款的转化过程更加顺畅，提高了储蓄的配置效率，进而降低了存贷利差，在一定程度上减轻了金融摩擦程度，提高了经济对货币冲击的吸收能力，增强了宏观经济稳定性。此外，通过比较图 5.4 不同行的脉冲响应图，不难发现，在金融中介效率提高幅度相同的前提下，企业预算约束硬化水平的提高有助于增强金融中介效率对货币冲击的吸收能力，降低货币冲击对经济（产出、消费、投资和信贷）的影响，促使经济快速恢复到稳态水平。具体来说，伴随着预算约束硬化水平的不断提高，企业获取优惠性贷款更加困难，促使其注重内部现金积累和投资收益，对产品价格、利率、风险等变量反应增强。同时，金融中介效率改善降低了资产负债表渠道和银行信贷渠道对外生冲击的放大效果。由此，宏观政策调控环境获得改善，使得宏观政策稳定经济的效果更加明显，进而使得金融中介效率降低经济波动效果更加明显。

根据图 5.5 可知，当经济遭受非货币冲击时，产出、消费、投资和信贷等主要宏观经济变量先逐步达到峰值然后逐步恢复到初始稳态水平。具体来说，正向的技术冲击主要影响厂商生产函数，而正向的投资专有性冲击则意味着资本生产效率的提高。因此，正向的非货币冲击对经济产生两方面的影响：一方面，能够在短期内带来产出水平的提高；另一方面，提高了投入要素边际生产率水平，促使企业增加投资和信贷。同时，实际工资水平也得到提高，带来家庭收入水平提高，从而引起消费和储蓄水平的提高。不过，由于投资和消费受到 CIA 约束影响，经济主体必须积累足够的实际货币余额才能够进行决策，从而消费、投资和总产出呈现"驼峰状"。同样，企业信贷由于受到家庭平滑消费行为动机的影响，也呈现驼峰状。

同样类似于货币冲击，一方面金融中介效率的提高能够降低非货币冲击对经济（产出、消费、投资和信贷）的影响，促使经济快速恢复到稳态水平。另一方面，当金融中介效率提高幅度相同时，企业约束硬化水平越高，金融中介效率降低主要宏观经济变量波动效果越明显。

第六节　本章小结

本章在新凯恩斯粘性价格模型基础上，引入投资的 CIA 约束和金融中介，研究了企业预算约束硬化水平对经济平稳化趋势的影响。在对模型参数进行校准赋值后，首先考察了模型对主要宏观经济变量波动特征的解释力度，发现模型能够较好地再现实际经济波动特征。其次，在此基础上，考察了企业预算约束硬化水平参数 η 变动对经济波动的静态和动态影响，发现企业预算约束硬化促使企业重视内部现金积累，从而企业投资冲动行为通过实际货币余额积累渠道得到抑制，降低了投资波动，促使经济波动出现平稳化趋势。当整体经济中企业预算软约束问题非常严重时，企业预算约束硬化水平的提高能够显著降低产出波动性；当预算约束硬化水平比较高时，企业预算约束硬化水平的提高降低产出波动幅度较小，从而为 20 世纪 90 年中期后产出波动下降与国有企业预算约束硬化之间的联系提供理论佐证。最后，分析了金融中介效率对经济波动的影响，发现金融中介效率的提高能够降低外生冲击对经济的影响。同时，企业预算约束硬化水平越高，金融中介降低外生冲击的效果越明显。本章研究结论表明企业预算约束的硬化和金融中介效率的提高有助于增强宏观经济的稳定性，预算约束硬化的显著变化在一定程度上有助于解释中国经济波动出现的平稳化趋势。

第六章 货币政策与中国经济波动的平稳化

第一节 引 言

在第四至五章分析中，不论由于政府干预还是由于预算软约束导致企业投资冲动，其背后必然有充足的金融资源支持，否则无法支撑投资的高增长。考虑到中国企业投资资金主要源于银行贷款，而银行信贷往往受到中国人民银行货币政策的直接控制，而货币政策在目标、操作工具和传导机制等方面获得极大改善，货币政策日益具有前瞻性和针对性，能够采取灵活多样的操作工具对经济进行逆周期调节，进而增强了宏观经济稳定性。同样，根据第二章分析可知，第二、三产业与总产出波动的关系最为密切，产业结构的变动会对宏观经济波动产生重要影响。现有研究中，一些学者已从货币政策、产业结构等角度对中国经济波动的平稳化趋势进行研究，得到了一些有益的初步结论，但是同时存在一定的不足之处：

首先，现有文献将中国经济波动的平稳化与产业结构或者货币政策二者结合起来研究主要基于时间序列模型的传统研究范式，缺少严谨的理论模型分析指导，单纯的计量分析可能存在潜在的误导性；构建动态随机一般均衡模型从动态结构计量模型角度探讨二者关系的较少，如詹新宇和甘凌（2013）构建的 RBC 理论模型将产业结构升级视为资本劳动比例改变的过程，进而将产业结构升级指标引入生产函数中。虽然这种方式便于模型构建，但忽视了部门间价格粘性的异质性，无法展开分析不同产业间如何相互作用达到降低外生冲击对经济影响的效果。

其次，国内鲜有学者在跨产业的新凯恩斯粘性价格模型中考察部门价格粘性异质性对货币政策传导机制的影响，并将货币政策、产业结构与经济波动三者联系在一起。实际上，根据主流货币理论可知，在价格完全灵活的情形下，货币政策对经济的影响主要依赖于家庭效用函数形式：当家庭对消费和实际货币持有额是效用可分时，货币政策对产出不具有实际效应，仅对价格水平产生影响；当家庭对消费和实际货币持有额是效用不可分时，货币政策通过通货膨胀预期机制产生的替代效应对家庭劳动供给决策和产出水平产生影响，但这种实际效应非常小，并不能够解释货币冲击对产出的经验证据。当经济中存在价格粘性时，货币冲击对产出的实际效应显著增强（卡尔·瓦什，2012）。鉴于中国不同产业部门间存在明显的价格粘性异质性（渠慎宁等，2012），因此产业结构升级通过部门间价格粘性异质性渠道影响到经济的总体价格粘性，进而影响货币政策的实际效果。

　　针对上述两点不足之处，本书通过构建跨产业的新凯恩斯价格粘性模型研究货币政策、产业结构和宏观经济波动三者之间的联系，通过数值模拟比较了产业结构升级和货币政策改善对中国经济波动的平稳化的解释力度，并分别考察产业结构、货币政策对不同性质冲击的影响。

　　本章的具体安排如下，第二节对货币政策、产业结构与经济波动的联系进行理论分析；第三节构建跨产业的新凯恩斯价格粘性模型，明确引入产业结构指标；第四节介绍模型参数校准赋值过程；第五节对模型进行数值模拟与分析；第六节总结本章主要结论。

第二节　理论机制分析

6.2.1　中国货币政策回顾

　　改革开放以来，中国国有企业自主权逐步下放，同时民营经济逐步壮大，信贷逐步市场化，必然要求改变过去单纯财政拨款、银行资金"统存统贷"的计划管理体制已经不适应经济发展的客观需要。1978 年中国人民银行从财政部分离出来，并在随后逐步建立了各类专业银行，包括中国银行、中国农业银行、中国建设银行和中国工商银行等。在 1983 年 9 月，国务院颁布《国务院关于中国人民银行专门行使中央银行职能的决定》，明确了中国人民银行的中央银行地位。1986 年颁布《中华人民共和国银行管理条例》，规定货币政策目标为"稳定货币、发展经济"。但在实际实施过程中，中央银行的货币政策目标演变为支持经济增长。在此时期，中国人民银行对各类专业银行采取信贷管理体制，主要通过单一信贷规模计划指令来实施货币政策，具有明显的行政色彩。具体来说，在 1979—1983 年中央银行采取"统一计划、分级管理、存贷挂钩、差额控制"的管理办法（简称"差额包干"），货币政策通过存贷差额的控制来实施，但无法有效控制货币供应量和信贷规模，屡屡突破计划；在 1984—1993 年中央银行采取"统一计划、划分资金、实存实贷、相互融通"的管理办法（简称"实存实贷"），专业银行信贷资金来源由过去计划指标转变为自己组织资金，由于中国人民银行保留了向专业银行放贷的职能，专业银行可以通过向中国人民银行借款获得信贷资金，正如王宇（2001）指出，1984—1993 年中国人民银行通过再贷款方式投放的基础货币占到总额的 80% 以上。由于受到各级政府干预，专业银行向企业发放贷款规模不断增大，而中国人民银行无法有效控制，导致货币供应量失控，经济出现过热。面对货币供应量失控，中央银行往往采取直接的计划指令来控制信贷规模，使得经济过度收缩。

在全面改革时期，1994 年将专业银行的政策性业务分离，成立国家开发银行、中国进出口银行、中国农业开发银行等三家政策性银行，同时专业银行实现商业化经营。1994 年中国人民银行不再以信贷规模作为货币中介目标，而是将不同层次的货币供应量作为统计监测指标。1995 年 3 月颁布的《中华人民共和国中国人民银行法》以国家立法的方式确立了中国人民银行的中央银行地位，同时确定货币政策目标为"价格稳定的基础上促进经济增长"。1996 年 1 月建立全国性的银行同业拆借市场。1997 年成立中国人民银行货币政策委员会，为货币政策实施提供专家咨询。1998 年 1 月中国人民银行取消对国有商业银行贷款规模的直接控制，而是通过资产负债比例管理与风险管理对国有商业银行进行间接调控。在此之后，中央银行的操作工具由单一的信贷规模控制转为以公开市场业务和利率为主的多元工具，同样，法定存款准备金、再贷款、再贴现、信贷政策、央行票据等其他货币操作工具也得到不同程度的使用。其中，中央银行主要通过公开市场业务调控货币供应量。总而言之，货币政策调控制度基础和操作工具明显获得改善，中央银行日益采取灵活多样的手段对经济进行间接调控，避免了早期的直接信贷规模控制。

6.2.2　部门价格粘性异质性对宏观经济的影响

考虑到宏观经济由不同产业部门构成，其波动必然体现为不同产业间相互作用的过程，实质上产业间的相互作用反映了不同产业在价格粘性程度、生产技术、产品需求弹性、市场结构、定价决策等方面的差异性。根据"冲击-传导"机制的分析框架，部门间的差异会对冲击的传导机制产生放大或者缓和的效果，进而影响到宏观经济波动状况。鉴于本章主要关注货币政策，由于在理论分析中货币短期非中性的关键原因在于价格粘性，因此这里主要关注部门间价格粘性异质性。

一般而言，部门间价格粘性异质性会对经济产生两方面影响：一方面，不同产业部门间会产生需求转化机制，对外生冲击起到缓和效果，减轻了外生冲击对经济的影响，进而增强了宏观经济稳定性。具体而言，当经济遭受外生冲击时，价格调整频率低的产业部门经历较小的价格变动，而价格调整频率高的产业部门则会出现较大的价格变动，导致产业部门间价格水平的差异，引起需求在不同产业间的转移（Flamini et al.，2012）。另一方面，部门间价格粘性异质性导致产业间厂商价格调整的策略互补性效应增强，经济总体价格粘性程度提高（Carvalho，2006）。具体来说，当经济遭受外生冲击时，由于受到价格调整频率较低的部门厂商的影响，价格调整频率较高的部门厂商不希望将价格设定过于偏离长期稳态水平，否则会导致本部门产品需求的较大份额转移至后者，造成自身生产利润的损失。因此，价格调整频率较高厂商的价格调整幅度明显低于不存在上述效应的情形。同样，价格调整频率较低厂商的决策也会受到影响，促使其调整价格，但程度较小。这种不同产业部门厂商价格调整幅度的差异导致经济总体价格粘性程度的提高。同样，伴随产业结构升级，经济中服务业份额不断上升，由于服务业的价格粘性程度明显高于其他产业，进而导致经济总体价格粘性程度同样提高。

总而言之，价格粘性作为货币政策产生实际效应的关键原因，而产业结构变动通过部门间价格粘性异质性渠道影响到经济总体价格粘性程度，进而影响到货币政策的实际效应，最终对宏观经济波动状况产生影响。

6.2.3 货币政策、产业结构与宏观经济波动机制分析

改革开放以来，中国人民银行在独立执行货币政策方面逐步提高，政策目标受到各级政府的干扰明显减弱，调控机制日益灵活多样化，增强了宏观经济抵御不利冲击的能力，也避免了货币政策本身成为经济波动的重要来源。与此同时，中国产业结构不断升级：经济由第一、二产业占主导地位向第二、三产业占主导地位转变，导致经济总体价格粘性程度提高，进而影响到了货

币政策的实施效果。因此，稳定型货币政策和产业结构升级对宏观经济稳定性具有积极的作用，有利于经济波动出现平稳化。具体来说，在增量改革时期，中国人民银行对金融机构仍按照行政下属方式进行管理，主要采取指令性计划对信贷规模进行控制，从而金融机构贷款受到国家货币政策的直接约束，基本上反映了货币量的变动状况。然而中国人民银行其职能并不明确而且缺乏独立性，货币政策往往服务于发展经济目标，正如樊纲等（1993）指出，货币数量具有典型的自下而上的"倒逼"供给特征。在此时期，中国人民银行和专业银行在各地的分支机构与地方政府、地方企业存在着利益一致性，地方银行无法拒绝地方政府诉求，往往会突破中国人民银行早些时候制定的信贷计划，导致专有银行向地方企业的信贷资金规模急剧膨胀，最终导致货币超发、流动性泛滥，引起经济中消费和投资过度膨胀，经济出现过热现象。此时，金融体系尚不具备采取间接调控工具的条件，中央银行可选择的货币政策操作工具非常有限，主要采取单一的直接调控工具，即严格控制信贷规模来遏制经济过热。考虑到中国企业投资主要依赖于银行信贷，中央银行紧缩的信贷规模指令计划能够起到立竿见影的效果，经济过热现象迅速得到遏制，但是造成经济活动过度收缩。正如上节指出，产业结构升级导致总体价格水平粘性程度提高，使得相同名义货币数量变动导致的实际需求效应更为显著。由此，信贷规模控制导致流通中名义货币数量频繁剧烈变动，并通过产业结构渠道引起实际需求波动进一步剧烈，放大了货币冲击对经济的影响，导致经济大起大落。

　　伴随中国人民银行独立性的增强，货币政策目标转变为在稳定物价的基础上促进经济发展，货币操作日益具有经济逆周期的特性，调节目标从信贷规模控制向货币数量控制，采取灵活多样的间接调节工具对经济进行微调，包括公开市场操作、再贷款、再贴现率、央行票据等工具。同时，促进资本市场和货币市场的发展以及利率市场化改革，使得利率日益成为调控货币供给增长率的良好指标和工具，货币传导机制不断完善，且避免货币政策本身成为经济不稳定的来源。与此同时，产业结构日益优化与升级，进一步改善了货币政策实施环境，增强了货币政策稳定经济的效应，使得宏观经济抵御各种冲击能力明显增强。当经济出现过热征兆时，中央银行采取灵活多样的手段对宏观经济进行微调，如提高利率政策，导致消费信贷和企业融资成本提高，降低总需求水平，经济过热得到遏制；在经济处于衰退情形下，政府采取宽松的货币政策刺激消费和投资增加，促使宏观经济较快触底反弹，避免经济过度收缩。

总而言之，伴随货币政策在目标、操作工具和传导机制等方面获得极大改善，货币政策日益具有前瞻性和针对性，能够选用灵活多样的操作工具对经济进行逆周期调节，产业结构升级会对货币政策的稳定效应起到促进作用，增强了宏观经济抵御不利冲击的能力，在一定程度上有助于经济波动出现平稳化。在增量改革时期，金融机构受到中国人民银行的直接控制，信贷变动基本上反映了货币数量的变动，而货币数量成为政府调控经济的直接手段，进而货币数量频繁剧烈变动在产业结构不断升级背景下放大了货币冲击效果，导致经济出现大起大落的特征。在全面改革时期，货币政策独立性增强，并且具有明显的逆周期操作特征，同时货币传导机制不断优化和完善。此时，产业结构升级通过部门价格粘性异质性渠道增强了货币政策的稳定效应，降低了宏观经济波动。

第三节　理论模型构建

针对货币政策改善和产业结构升级的事实，本节在 Flamini 等（2012）、Carvalho and Lee（2011）的研究基础之上，构建了跨产业的新凯恩斯粘性价格模型来解释中国经济波动问题。具体来说，模型主要包括家庭、企业和政府三类经济主体。其中，企业涉及中间品生产者和最终品生产者，中间品生产者隶属于 K 个不同产业部门。

6.3.1　产业结构

产业表示经济中具有相同特性的企业集合，因此产业结构表明了经济资源在不同产业的配置情况，反映了经济中不同产业和产业内部的比例关系，通常可以用不同产业占总产出的比重来衡量产业结构。假设经济中有 K 个产业部门，其中，第 k 次产业占总产出份额为 n_k，则存在如下关系：

$$\sum_{k=1}^{K} n_k = 1 \tag{6.1}$$

因此，参数 n_k 的大小及其变动能够衡量不同产业在国民经济中的地位和作用。

6.3.2 家庭

假设代表性家庭在每期中选择消费数量 C_t、储蓄水平 D_t、名义货币数量 M_t 和不同产业的劳动供给数量 N_{kt}[①]，追求永久性效用水平的最大化：

$$\max E_0 \sum_{t=0}^{\infty} \beta^t \left[\frac{C_t^{1-\sigma}}{1-\sigma} + \frac{(M_t/P_t)^{1-\varphi}}{1-\varphi} - \sum_{k=1}^{3} \xi_k \frac{N_{kt}^{1+\nu}}{1+\nu} \right]$$

其中，E 表示期望算子，β 表示家庭主观贴现因子，σ 表示相对风险厌恶系数，φ 表示实际货币余额关于利率弹性的倒数，ν 表示劳动供给弹性的倒数，P_t 为经济的总价格水平（不妨将实际货币余额 M_t/P_t 简记为 m_t），χ_k 表示家庭向第 k 次产业提供劳动的相对负效用程度。假设在第 t 期期初，家庭持有名义货币余额 M_{t-1} 和储蓄总收益 $R_{t-1}D_{t-1}$，R_{t-1} 表示储蓄从第 $t-1$ 期到第 t 期的名义毛收益率。在第 t 期期间，家庭获得工资性收入 $\sum_{k}^{K} w_{kt}N_{kt}$、不同产业部门的生产利润 $\sum_{k}^{K} \Pi_{kt}$ 以及货币当局的一次性转移支付 X_t，并向政府缴纳一次总付性质的税收 T_t。因此，家庭的跨期预算约束可以表示为：

$$C_t + \frac{M_t + D_t}{P_t} = \frac{M_t + R_{t-1}D_{t-1} + X_t}{P_t} + \sum_{k}^{K} w_{kt}N_{kt} + \sum_{k}^{K} \Pi_{kt} - T_t$$

由此，家庭决策的最优一阶条件：

$$C_t: \qquad \frac{1}{R_t} = \beta E_t \left[\left(\frac{C_{t+1}}{C_t} \right)^{-\sigma} \frac{P_t}{P_{t+1}} \right] \tag{6.2}$$

$$N_{kt}: \qquad \xi_k N_{kt}^{\nu} = w_{kt} C_t^{-\sigma} \tag{6.3}$$

$$m_t: \qquad m_t^{-\varphi} = \frac{R_t - 1}{R_t} C_t^{-\sigma} \tag{6.4}$$

6.3.3 企业

假设经济中主要存在两种类型的企业：最终品生产者和中间品生产者。

[①] N_{kt} 表示家庭提供的劳动具有部门特定性（Sector-Specific Labor），只能在第 k 次产业内部自由流动，而不同产业部门间则完全不能够流动，从而在模型中引入实际刚性因素。正如 Carlstrom et al.（2006）指出当部门间劳动力无法自由流动时，部门间价格粘性异质性使得通货膨胀和产出受到部门间相对价格的影响。

其中，最终品生产者处于完全竞争市场并利用 CES 技术将中间品打包成最终品，然后销售给家庭和政府；中间品生产者则分别隶属 K 个不同产业，不妨将第 k 次产业中厂商 i 记为"厂商 ik"。这里，仅考虑部门间价格粘性异质性的情形。

具体来说，最终品生产者首先按照价格 $P_{kt}(i)$ 购买中间品 $Y_{kt}(i)$ 并利用生产技术 $Y_{kt} = \left[(1/n_k)^{1/\varepsilon} \int_{I_k} Y_{kt}(i)^{(\varepsilon-1)/\varepsilon} di \right]^{\varepsilon/(\varepsilon-1)}$ 将中间品 $Y_{kt}(i)$ 打包成第 k 次产业的复合品 Y_{kt}。其中，参数 ε 表示产业内不同中间品的替代弹性，I_k 表示第 k 次产业中所有厂商的集合，其测度为 $m(I_k) = n_k$。[①] 其次，利用生产技术 $Y_t = \left[\sum_k^K (n_k)^{1/\rho} (Y_{kt})^{(\rho-1)/\rho} \right]^{\rho/(\rho-1)}$ 将不同产业的复合品 Y_{kt} 进一步打包成最终品 Y_t。其中，参数 ρ 表示不同产业间产品的替代弹性。考虑到最终品生产者追求利润最大化的目标，经过简单计算得到产品 $Y_{kt}(i)$、Y_{kt} 和 Y_t 满足如下关系：

$$Y_{kt} = n_k \left(\frac{P_{kt}}{P_t} \right)^{-\rho} Y_t \qquad (6.5)$$

$$Y_{kt}(i) = \frac{1}{n_k} \left(\frac{P_{kt}(i)}{P_{kt}} \right)^{-\varepsilon} Y_{kt} \qquad (6.6)$$

其中，P_t 表示经济的总体价格水平，P_{kt} 表示第 k 次产业的复合产品价格水平，且满足：$P_{kt} = \left[\frac{1}{n_k} \int_{I_k} (P_{kt}(i))^{1-\varepsilon} di \right]^{1/(1-\varepsilon)}$ 和 $P_t = \left[\sum_{k=1}^K n_k P_{kt}^{1-\rho} \right]^{1/(1-\rho)}$。

假设中间品生产者 ik 仅利用劳动要素 $N_{kt}(i)$ 进行生产：

$$Y_{kt}(i) = A_{kt} N_{kt}(i)^{1-\alpha_k} \qquad (6.7)$$

其中，$1 - \alpha_k$ 表示劳动的产出弹性，A_{kt} 表示第 k 次产业的技术水平且服从 AR（1）过程：$\log(A_{kt}) = \rho_{kA} \log(A_{kt-1}) + \varepsilon_{kt}^A$，$\rho_{kA} \in (-1, 1)$ 表示 AR（1）的系数，ε_{kt}^A 服从均值为零且标准差为 σ_{kA} 的正态分布。

进一步，假设中间品生产者 ik 采遵循 Calvo 方式进行价格调整即在每期第 k 次产业有 $1 - \theta_k$ 份额的生产者进行价格调整，而其余厂商则保持价格不变。因此，每期进行价格调整的生产者 ik 选择最优价格 P_{kt}^* 以实现利润贴现流最

---

① 校准参数 χ_k 使得稳态水平下，家庭劳动力在不同产业部门的配置与产业部门的产出份额相同。

大化：

$$\max_{P_{kt}^*} E_t \sum_{s=0}^{\infty} (\beta\theta_k)^s \frac{\Lambda_{t,\,t+s}}{\Lambda_t} \left[\frac{P_{kt}^* Y_{k,\,t+s}(i)}{P_{t+s}} - w_{k,\,t+s} N_{k,\,t+s}(i) \right]$$

其中，$\Lambda_{t,\,t+s} \equiv [C_{t+s}/C_t]^{-\sigma}$ 表示家庭消费边际效用的比率，生产者 ik 视为外生给定。因此，厂商 ik 制定的最优价格满足：

$$E_t \sum_{s=0}^{\infty} (\beta\theta_k)^s \Lambda_{t,\,t+s} Y_{kt+s}(i) \left[P_{kt}^* - \frac{\varepsilon}{\varepsilon-1} P_{t+s} MC_{k,\,t+s} \right] = 0 \qquad (6.8)$$

其中，$MC_{k,\,t+s} = (1-\alpha)^{-1} A_{k,\,t+s}^{-1/(1-\alpha)} w_{k,\,t+s} (Y_{k,\,t+s}(i))^{\alpha/(1-\alpha)}$ 表示厂商 ik 在第 $t+s$ 期的实际边际成本。

在金融市场完备的条件下，第 k 次产业中所有调整价格的厂商面临相同的决策环境。因此，他们将会设定相同的价格，而所有不调整价格的厂商则保持前一期的价格 $P_{k,t-1}$。当每期中调整价格厂商的份额为 $1-\theta_k$ 时，第 k 次产业复合产品价格水平可以表示为：

$$P_{kt} = [\theta_k P_{k,\,t-1}^{1-\varepsilon} + (1-\theta_k) P_{kt}^{*\,1-\varepsilon}]^{1/(1-\varepsilon)} \qquad (6.9)$$

6.3.4　政府

假设政府主要包括两个部门：财政部门和货币当局。财政部门通过向家庭征收一次总付性质税收 T_t 为当期政府消费融资，且满足当期预算平衡：$G_t = T_t$。这里，将 G_t 作为外生冲击，并且遵循 AR（1）过程：$\log G_t = \rho_g \log G_{t-1} + \varepsilon_t^g$。其中，$\rho_g \in (-1, 1)$ 表示 AR（1）的系数，σ_t^g 服从均值为零且标准差为 σ_g 的正态分布。

根据本章第二节分析，中国货币政策主要采取货币数量调控方式，而货币政策在市场化改革的两个时期对经济的影响存在明显差异。在增量改革时期，货币政策服务于经济增长目标，货币当局采取指令性计划对金融机构的信贷规模进行控制，货币供给具有明显的倒逼特征，货币政策并没有发挥稳定经济效应，货币数量的频繁剧烈变动造成了总需求的不稳定，加剧了经济波动。为刻画货币数量剧烈变动对经济形成的需求冲击，将增量改革时期的货币量变动描述为外生的货币供给过程即假设货币增长率服从 AR（1）过程：

$$u_t = \rho_m u_{t-1} + \varepsilon_{mt}$$

其中，u_t 表示名义货币的增长率，即 $1 + u_t = M_t / M_{t-1}$，$\varepsilon_{mt} \sim i.\,i.\,d.\,N(0,\,\sigma_m^2)$，其中，$0 < \rho_m < 1$，$\varepsilon_{mt}$ 表示第 t 期的货币冲击新息值，σ_t^g 表示货币冲击新息的标准差，这里 ε_{mt} 视为对经济的需求冲击。

而在全面改革时期，中国人民银行独立性明显增强，货币政策能够根据经济状况进行逆周期调整，通过调整货币供应量来调控总需求，进而抵御不利冲击对经济的影响，达到稳定经济的目的。根据 Zhang（2009）的研究，采用如下稳定效应的麦卡勒姆货币供给法则：

$$u_t = a_u u_{t-1} - a_\pi E_t \hat{\Pi}_{t+1} - a_y \hat{Y}_t + \varepsilon_{mt}$$

其中，参数 a_u 表示调控货币增长率的平滑程度，参数 a_π 表明货币政策调控具有前瞻性特点，参数 $a_y > 0$ 体现了货币政策具有逆周期性。当 $a_\pi = a_y = 0$ 时，麦卡勒姆货币供给法则退化为外生的货币供给法则。

6.3.5 市场出清

当产品市场达到出清时，具有如下关系：

$$Y_t = C_t + G_t \tag{6.10}$$

6.3.6 模型对数线性化形式

为方便分析模型在稳态水平的动态过程，对模型行为方程进行对数线性化处理。这里，令 $\hat{X}_t = \log(X_t/X)$。其中，X 表示变量 X_t 的稳态水平，$\hat{X}_t$ 表示变量 X_t 偏离稳态水平的百分比。

$$\hat{\Lambda}_t = -\sigma \hat{C}_t \tag{6.11}$$

$$\hat{\Lambda}_t = \hat{\Lambda}_{t+1} + \hat{R}_t - \hat{\Pi}_{t+1} \tag{6.12}$$

$$\nu \hat{N}_{kt} = \hat{w}_{kt} + \hat{\Lambda}_t \tag{6.13}$$

$$\hat{m}_t = \frac{\sigma}{\varphi} \hat{C}_t - \frac{1}{(R-1)\varphi} \hat{R}_t \tag{6.14}$$

$$\widehat{MC}_{kt} = \frac{\alpha_k}{1-\alpha_k} \hat{Y}_{kt} - \frac{1}{1-\alpha_k} a_{kt} + \hat{w}_{kt} \tag{6.15}$$

$$\hat{\Pi}_{kt} = \beta E_t \hat{\Pi}_{kt+1} + \frac{(1-\theta_k)(1-\theta_k\beta)}{\theta_k} \frac{1-\alpha_k}{1-\alpha_k+\alpha_k\varepsilon} [\widehat{MC}_{kt} - (\hat{P}_{kt} - \hat{P}_t)] \tag{6.16}$$

$$\hat{\Pi}_t = \sum n_k \hat{\Pi}_{kt} \tag{6.17}$$

$$\hat{Y}_{kt} = a_{kt} + (1-\alpha_k) \hat{N}_{kt} \tag{6.18}$$

$$\hat{Y}_t = \hat{Y}_{kt} + \rho(\hat{P}_{kt} - \hat{P}_t) \tag{6.19}$$

$$\hat{\Pi}_t = \hat{P}_t - \hat{P}_{t-1} \tag{6.20}$$

$$\hat{\Pi}_{kt} = \hat{P}_{kt} - \hat{P}_{k,\,t-1} \tag{6.21}$$

$$\hat{Y}_t = \frac{C}{Y}\hat{C}_t + \frac{G}{Y}\hat{G}_t \tag{6.22}$$

$$\hat{m}_t = \hat{m}_{t-1} + \hat{u}_t - \hat{\Pi}_t \tag{6.23}$$

$$\hat{A}_{kt} = \rho_{ka}\hat{A}_{kt-1} + \varepsilon_{kt}^A \tag{6.24}$$

$$\hat{G}_t = \rho_g \hat{G}_{t-1} + \varepsilon_t^g \tag{6.25}$$

$$u_t = \rho_m u_{t-1} + \varepsilon_{mt} \tag{6.26a}$$

$$u_t = a_u u_{t-1} - a_\pi E_t \hat{\Pi}_{t+1} - a_y \hat{Y}_t + \varepsilon_{mt} \tag{6.26b}$$

等式（6.11）是家庭消费边际效用的对数线性化形式，等式（6.12）表示家庭储蓄跨期欧拉方程的对数线性化形式，等式（6.13）表示家庭的劳动供给的对数线性化形式，等式（6.14）表示家庭实际货币余额需求的对数线性化形式，等式（6.15）表示第 k 次产业中厂商实际边际成本的对数线性化形式，等式（6.16）表示第 k 次产业中厂商的新凯恩斯菲利普斯曲线（简称NKPC），等式（6.17）表示产业通货膨胀与经济通货膨胀关系的对数线性化形式，等式（6.18）表示第 k 次产业中厂商生产函数的对数线性化形式，等式（6.19）表示总产出与第 k 次产业产出关系的对数线性化形式，等式（6.20）表示经济通货膨胀与价格水平关系的对数线性化形式，等式（6.21）表示产业通货膨胀与产业价格水平关系的对数线性化形式，等式（6.22）表示产品市场出清条件的对数线性化形式，等式（6.23）表示货币存量运动方程的对数线性化形式，等式（6.24）表示第 k 次产业中厂商受到的技术冲击，等式（6.25）表示政府消费冲击，等式（6.26a-b）表示货币供给法则。

第四节　模型参数校准

为了对模型进行数值模拟，本章首先对模型基本参数进行校准赋值。对于家庭主观贴现因子 β、相对风险厌恶系数 σ、劳动供给的弹性倒数 ν、部门内部不同产品间替代弹性 ε、政府消费占 GDP 比重 G/Y、政府消费冲击参

数 ρ_g 和 σ_g、外生货币供给的一阶参数 ρ_m、货币冲击参数 σ_m、麦卡勒姆货币供给规则中参数 a_u、a_y 和 a_π 直接参考第四至五章的参数取值，这里不再赘述。参考一般文献的设定，将货币需求的利率弹性倒数 φ 赋值为 1，即家庭效用函数是关于实际货币余额的对数形式。按照 Hansen（1985）的做法，校准参数 ξ_k 使得稳态经济总劳动供给 L 水平为 1/3 即劳动力每天工作 8 小时，需要校准参数 $\xi_k = (1-\alpha_k)\ (\varepsilon - 1/\varepsilon)\ n_k^{-\nu} L^{-\alpha_k-\nu} C^{-\sigma}$。[①]考虑到本章主要强调部门间价格粘性异质性，这里暂不考虑不同部门生产技术方面的差别，将参数 α_k 设定为相同取值，具体来说，根据历年投入产出基本流量表的数据，劳动的收入份额平均在 50% 左右，因此将参数 α_k 设定为 0.5。对于三次产业份额参数 $\{n_k\}_{k=1}^K$ 用中国 1978—2012 年三次产业占 GDP 份额的年度平均值近似，设定 $n_1 = 0.204$，$n_2 = 0.456$，$n_3 = 0.340$。参考 Carvalho and Lee（2011）的做法，将不同部门产品的替代弹性 ρ 设定为 2。参考 Bunn and Ellis（2011）的研究，设定三次产业的生产者价格粘性参数分别为 $\theta_1 = 0$，$\theta_2 = 0.28$，$\theta_3 = 0.73$。对于不同产业部门的技术冲击参数设定，考虑到本章构建的理论模型中三次产业仅利用劳动要素进行生产，这意味着模型经济中不同产业的资本存量始终保持不变。模型这种设定便于考虑产业结构通过部门间价格粘性异质性渠道改变经济总体价格粘性程度，进而对货币政策实施产生影响，剔除了其他因素对经济的影响。不过，当对不同产业部门的技术冲击进行估计时，需要将部门的生产函数设定为通常的形式 $Y_{kt} = A_{kt} K_{kt}^{\alpha_k} N_{kt}^{1-\alpha_k}$。因此，不同产业部门的索罗剩余 sr_{kt} 可以表示为：$sr_t = \ln Y_{kt} - \alpha_k \ln K_t - (1-\alpha_k) \ln N_{kt}$。这里，三次产业的资本存量数据利用宗振利和廖直东（2014）估计的 1978—2011 年中国省际三次产业资本存量数据加总得到，并延长至 2012 年。对于 1978—2012 年三次产业的产出和就业数据则根据《中国统计年鉴 2013》得到。由此，不难得到三次产业的索罗剩余 sr_{kt} 时间序列，进而对 sr_{kt} 进行线性滤波，得到不同产业部门技术冲击的波动成分 s_{kt}。最后，根据技术冲击遵循 AR（1）过程，对波动成分 s_{kt} 进行无截距的 AR（1）回归估计即 $s_{kt} = \rho_{ka} s_{kt-1} + resid$，得到不同产业部门技术冲击的 AR（1）的系数：$\rho_{a1}$ 为 0.7671，ρ_{a2} 为 0.9212，ρ_{a3} 为 0.6923，残差的标准差分别为 σ_{a1} 为 0.0449，σ_{a2} 为 0.0422，σ_{a3} 为 0.0468。

---

① 该式通过求解模型的各个经济变量的稳态值并利用家庭劳动供给的一阶条件得到，具体见附录 C。

表 6.1　模型基本参数校准结果

参数	β	σ	φ	ν	ξ_k	α	ε	ρ
取值	0.945	1	1	0	校准	0.5	6	2
参数	n_1	n_2	n_3	θ_1	θ_2	θ_3	ρ_m	σ_m
取值	0.204	0.456	0.340	0	0.28	0.73	0.42	0.027
参数	σ_g	ρ_{a1}	σ_{a1}	ρ_{a2}	σ_{a2}	ρ_{a3}	σ_{a3}	a_u
取值	0.0428	0.7671	0.0449	0.9212	0.0422	0.6923	0.0468	0.8
参数	a_y	G/Y	ρ_g	a_π				
取值	0.5	0.145	0.6582	1				

第五节　数值模拟与分析

6.5.1　模型模拟结果基本评价

为了更好地衡量货币政策改善和产业结构升级对经济波动的影响，首先考察跨产业的新凯恩斯粘性价格模型对总产出、部门产出、消费和通货膨胀等主要宏观经济变量的模拟结果是否与中国实际波动特征相吻合。在构建的理论模型中主要包括三次产业技术冲击、政府消费冲击和货币冲击，随着不同冲击逐步引入模型中，模型模拟的结果逐步改善，与实际经济波动特征越来越吻合。这里仅给出完整冲击下模拟的结果，具体结果见表 6.2。

表 6.2　跨产业的新凯恩斯粘性价格模型的模拟结果

变量	实际经济			模型模拟结果			Kydland-Prescott 方差比
	标准差	与产出相关系数	一阶自相关系数	标准差	与产出相关系数	一阶自相关系数	
总产出	0.0311	1.000	0.693	0.0267	1.0000	0.4256	0.859
第一产业	0.0425	0.208	0.446	0.0550	0.1219	0.4083	1.294
第二产业	0.0495	0.924	0.681	0.0385	0.7284	0.5605	0.778
第三产业	0.0571	0.621	0.528	0.0514	0.7205	0.5101	0.900
消费	0.0348	0.607	0.617	0.0262	0.9672	0.4314	0.753
通货膨胀	0.0555	0.551	0.791	0.0209	0.5645	0.7351	0.377

从总产出的波动性来看，模拟的结果为 2.67%，略小于实际值 3.11%，Kydland-Prescott 方差比为 85.9%，这说明模型能够解释产出波动的 85.9%。从三次产业的波动性来看，整个样本期内三次产业的波动性均大于总产出的波动性，分别为 4.25%、4.95% 和 5.71%，模型预测的结果分别为 5.50%、3.85% 和 5.14%，符合上述特征事实，Kydland - Prescott 方差比分别为 129.4%、77.8% 和 90.0%，这说明模型能够解释三次产业波动的 129.4%、77.8% 和 90.0%。从消费的波动性来看，模拟的结果为 2.62%，小于实际值 3.48%，Kydland-Prescott 方差比为 75.3%，这说明模型能够解释消费波动的 75.3%。从通货膨胀的波动性来看，整个样本期的实际波动为 5.60%，而模型预测的结果仅为 2.09%，Kydland-Prescott 方差比为 37.7%，这说明模型在解释通货膨胀的波动性方面不太理想，仅为实际经济的 37.7%。不过，从通货膨胀与产出的相关性和通货膨胀的持续性来看，模拟的结果与实际值比较吻合。总体而言，模型能够较好地再现中国实际经济的波动特征。

6.5.2 模型对经济波动的平稳化解释

根据本章第二节的分析，在增量改革时期货币政策并没有起到稳定经济作用，货币数量的剧烈频繁变动对经济波动产生显著影响，成为引起经济波动的重要来源；而在全面改革时期，货币政策在稳定经济方面明显增强，具有明显的逆周期特征。考虑到产业结构升级是经济结构逐步调整和优化的过程，并不是一种突变过程。因此，为了能够衡量货币政策改善和产业结构升级对经济波动的影响，本节通过逐步改变三次产业份额 $\{n_k\}_{k=1}^{K}$ 数值来考察两种货币供给规则下模拟的总产出波动标准差变动情况，如图 6.1 所示。这里，三次产业份额数据利用 1978—2012 年中国的三次产业份额数据。

根据图 6.1 不难发现，在不改变模型经济的外生冲击结构情形下，当模型经济采用外生的货币供给过程时，产业结构变动会导致模拟的总产出波动标准差呈现上升趋势，从 1978 年的 2.55% 上升至 2012 年的 2.89%，说明在货币政策无法发挥稳定经济效应甚至成为经济波动的主要来源时，产业结构升级导致经济总体价格粘性程度的提高，使得相同货币数量变动引起的实际需求效应更显著，成为放大货币冲击的重要渠道，加剧了经济波动幅度，在一定程度上反映了中国在增量改革时期，处于被动地位的货币政策和产业结构二者相互作用导致经济大起大落；而当模型经济采用具有逆周期特征的麦卡勒姆货币供给规则时，产业结构变动导致模拟的总产出波动标准差出现一

定程度上的下降，从 1978 年的 1.44% 下降为 2012 年的 1.35%，说明在具有
稳定型货币政策规则下，产业结构升级能够改善货币政策实施环境，增强货
币政策实施效果，促进宏观经济稳定性。总而言之，在货币政策缺乏稳定经
济效应时，产业结构升级会放大货币冲击对经济的影响，造成经济波动加剧；
在货币政策具有稳定经济效应时，产业结构升级会起到增强货币政策稳定效
应的作用，进一步降低宏观经济波动。

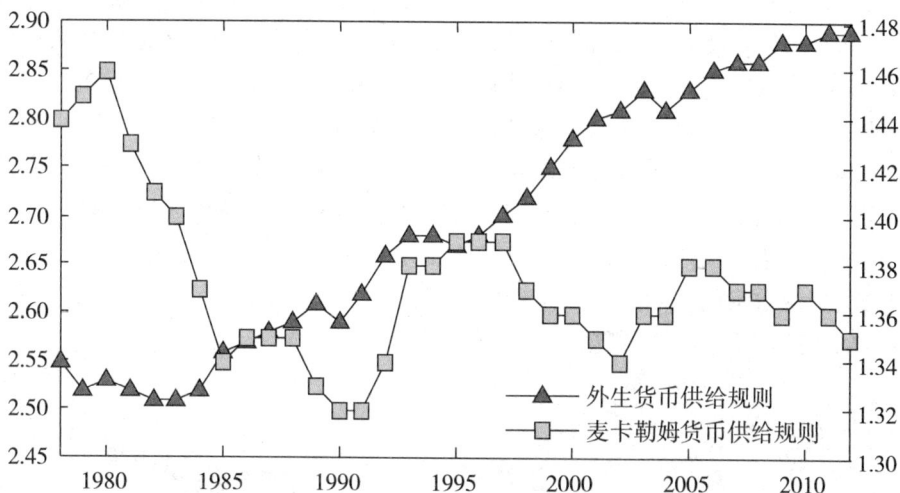

图 6.1　产业结构变动对货币政策实施效果的影响

考虑到在增量改革和全面改革时期货币政策实施的差异性，本节进一步
分析产业结构升级对两种货币供给规则下模型模拟的总产出波动标准差降幅
的影响，从而将货币政策改善和产业结构升级对经济波动的影响区分开来，
见图 6.2 所示。根据图 6.2 可知伴随着产业结构升级，两种货币政策下模拟
的总产出波动标准差降幅呈现出明显的上升趋势，从 1978 年的 1.11% 逐步上
升至 2012 年的 1.54%，若以 1978 年的 1.11% 作为货币政策改善的基准，则
2012 年的产业结构升级能够解释两种货币政策模拟的总产出波动标准差降幅
的 27.92%。[1]结合中国经济波动出现平稳化趋势的事实，在增量改革时期，总
产出波动标准差为 3.79%，而在全面改革时期则为 2.42%，总产出波动标准

---

① 　（1.54-1.11）/1.54×100%＝27.92%

差降幅达到 1.37%。[①]因此，从货币政策实施的改善来说，货币政策改善能够降低总产出波动标准差为 1.11%，能够解释产出波降低幅的 81.02%，表明中国货币政策的改善能够有效降低经济波动，增强经济稳定性；在产业结构升级后，货币政策降低产出波动的幅度在 1994 年达到 1.30%，能够解释产出波动降幅的 94.89%，说明产业结构升级增强了货币政策的实施效果，促进宏观经济稳定性的增强。实际上，具有逆周期性质的麦卡勒姆货币供给规则对产出的影响存在直接和间接的双重稳定效应：一方面，货币政策根据当期产出缺口状况对货币增长率进行逆周期调节；另一方面，货币政策的前瞻性明显增强，根据经济的预期通货膨胀缺口状况对货币增长率进行逆周期调节，进而通过对经济主体预期的调节达到稳定当期价格水平的目的，而稳定的价格水平为经济主体提供了良好的决策环境，间接起到了稳定产出的效应。货币政策根据预期通货膨胀缺口和产出缺口对经济的总需求进行逆周期调节，而产业结构升级带来经济总体价格粘性程度的提高使得货币政策通过调节流通中名义货币数量的实际需求效应更为显著，增强了货币政策稳定经济的效应，促进经济抵御不利冲击的能力。

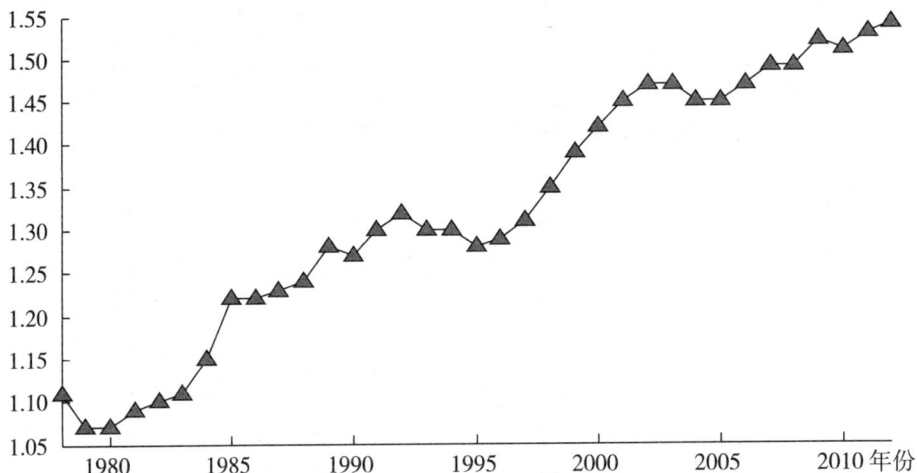

图 6.2　产业结构对两种货币政策模拟的产出波动差异的影响

---

① 根据表 2.2 得到。

6.5.3　产业结构对外生冲击的影响

考虑到技术冲击主要影响生产者的技术水平，进而影响到经济的总供给水平；而货币冲击导致流通中名义货币数量发生变动，部门价格粘性异质性使得部门间的实际需求效应（$\Delta M_t / P_{kt}$）不同，进而影响到总产出变动。鉴于不同性质冲击影响经济的机制存在上述差异，本小节首先通过 $AD-AS$ 图定性分析不同产业结构下，不同性质冲击对总产出和通货膨胀影响的差异。其次，通过数值模拟定量来考察不同产业结构下，不同性质冲击对总产出和通货膨胀波动标准差影响的差异。

为便于分析，假设模型经济中不存在政府消费，参数 σ、φ、ν 和 ρ 设定为本章第四节取值，利用家庭跨期消费的欧拉方程、实际货币余额需求方程、货币存量运动方程等线性对数化形式可以得到经济的总需求曲线（简称 AD 曲线）：[①]

$$\hat{\Pi}_t = -\frac{1}{(1-\beta)}\hat{Y}_t + \frac{\beta}{(1-\beta)}E_t\hat{Y}_{t+1} + \frac{\beta}{(1-\beta)}E_t\hat{\Pi}_{t+1} + \hat{m}_{t-1} + u_t$$

$$(4.27)$$

式（4.27）表明在给定经济关于总产出缺口预期 $E\hat{Y}_{t+1}$、通货膨胀缺口预期 $E\hat{\Pi}_{t+1}$、实际货币余额缺口 $\hat{m}_{t-1}$ 和货币增长率 u_t 下，当期通货膨胀缺口 $\hat{\Pi}_t$ 和当期总产出缺口 $\hat{Y}_t$ 之间具有负相关系，其系数大小为 $1/(1-\beta)$。经济主体预期即 $E\hat{Y}_{t+1}$ 和 $E\hat{\Pi}_{t+1}$ 以及货币增长率 u_t 决定了 AD 曲线在 $(\hat{\Pi}_t, \hat{Y}_t)$ 空间的位置。因此，货币当局可以通过调整货币增长率 u_t 对总需求进行调整：在外生的货币供给规则下，货币当局并没有对经济状况作出响应；而在麦卡勒姆货币供给规则下，货币当局根据当期产出缺口 $\hat{Y}_t$ 状况和通货膨胀缺口预期 $E\hat{\Pi}_{t+1}$ 状况对货币增长率进行逆周期调节，从而通过对总需求进行调节达到稳定经济的目的。同样，当政府还可以通过一定方式（例如可信的反通胀措施）对经济主体预期产生影响，达到调控总需求目的。

进一步，利用部门 NKPC 曲线、部门生产函数、部门边际成本、家庭劳

[①]　同样，对式（4.27）进行迭代计算，可将通货膨胀缺口预期 $E\hat{\Pi}_{t+1}$ 项消去。不过，就本章讨论的问题来说，可以不必进行。

动供给、总产出和部门产出关系、通货膨胀和部门通货膨胀关系等对数线性化形式可以得到经济的总供给曲线（简称 AS 曲线）：

$$\hat{\Pi}_t = 2\Big(\sum_{k=1}^{K} n_k\lambda_k\Big)\hat{Y}_t + \beta E_t\hat{\Pi}_{t+1} - 3\Big[\sum_{k=1}^{K} n_k\lambda_k(\hat{P}_{kt} - \hat{P}_t)\Big] - 2\Big[\sum_{k=1}^{K} n_k\lambda_k a_{kt}\Big]$$

$$(4.28)$$

式（4.28）表明在给定通货膨胀缺口预期 $E\hat{\Pi}_{t+1}$、产业结构 $\{n_k\}_{k=1}^{K}$ 和部门技术水平 $\{a_{kt}\}_{k=1}^{K}$ 时，当期通货膨胀缺口 $\hat{\Pi}_t$ 和当期总产出缺口 $\hat{Y}_t$ 之间呈现正相关性，系数大小 $2\sum_{k=1}^{K} n_k\lambda_k$。根据本章第二节分析，产业结构升级使得服务业份额上升，提高了经济总体价格粘性程度即系数 $2\sum_{k=1}^{K} n_k\lambda_k$ 变小，导致经济的总供给曲线在 $(\hat{\Pi}_t, \hat{Y}_t)$ 空间内变得越来越平缓。此外，部门粘性价格异质性产生的部门间需求转化机制通过式（4.28）中相对价格项 $(\hat{P}_{kt} - \hat{P}_t)$ 得到体现：经济遭受冲击后，价格粘性程度差异使得不同部门价格调整幅度产生差异，进而使得式（4.28）中不同产业部门的相对价格项 $(\hat{P}_{kt} - \hat{P}_t)$ 出现正负相反情况，减小了由外部冲击引起的 AS 曲线移动幅度。注意到 $(\hat{P}_{kt} - \hat{P}_t)$ 的系数为 $n_k\lambda_k$，说明产业结构影响需求转化机制的大小，这证实了 Flamini et al.（2012）研究：当一个部门的产品价格相对于另一个部门提高时，产品需求会从前者转移至后者，其规模与后者的产业规模和部门间的产品替代弹性成正比。因此，当第三产业相对规模上升，而第一产业规模显著下降时，部门间需求转换机制增强，经济稳定性进一步增强。此外，产业部门技术冲击 a_k 的系数为 $n_k\lambda_k$，这说明当部门产业份额 n_k 上升时，该产业技术冲击对经济的影响日益显著。结合中国产业结构转变的事实，可以证实本书第二章的观点：第二、三产业与总产出波动的关系最为密切，产业结构的变动会对宏观经济波动产生重要影响。

接下来，利用得到的模型经济 AD 曲线和 AS 曲线分析不同产业结构 $\{n_k\}_{k=1}^{K}$ 下，模型经济对不同性质冲击反应的差异，这里暂不考虑货币政策对经济的稳定效应以及经济主体的预期效应即预期项即 u_t、$E\hat{\Pi}_{t+1}$ 和 $E\hat{Y}_{t+1}$ 均设定为零，并且仅考虑外生冲击对模型经济的当期效应。假设初始时刻模型经济正处于稳态水平，如图 6.3 显示 AD 曲线和 AS 曲线相交于原点 A。首先，考虑当经济仅受到正向的技术冲击情形，根据式（4.27）（4.28）可知，AS 曲线将向右发生移动，而 *AD* 曲线则保持不变，如图 6.3 所示。

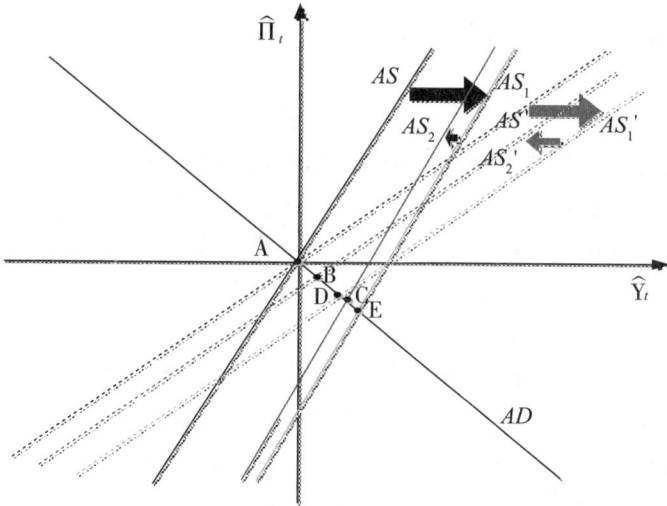

图 6.3　经济受到技术冲击时，总产出和通货膨胀变动的 *AD–AS* 图示

在图 6.3 中，*AS* 曲线的斜率比 *AS′* 曲线的斜率更大，说明 *AS* 曲线对应的经济的总体价格粘性程度较小，可将其视为中国在增量改革时期的产业结构：第一、二产业占经济主导地位，而第三产业份额相对较小；而 *AS′* 曲线则可视为中国全面改革时期的产业结构：第二、三产业占主导地位，第一产业份额显著下降。考虑到技术冲击对 *AS* 曲线的影响主要体现在两方面：一方面，假设技术冲击导致 *AS* 曲线和 *AS′* 曲线在 $(\hat{\Pi}_t , \hat{Y}_t)$ 空间发生相同移动幅度如 AS_1 曲线和 AS_1' 曲线所示：*AD* 曲线与 AS_1' 曲线相交于点 D，*AD* 曲线与 AS_1 曲线相交于点 E，点 D 显示的产出和通货膨胀变动明显小于点 E。直观上来讲，当经济遭受到技术冲击时，厂商的实际边际成本发生改变，由于厂商受到价格粘性的影响，只有拥有机会调整价格的厂商才能够对技术冲击作出反应。这样，技术冲击对经济的影响通过价格粘性机制得到缓和。因此，当经济价格粘性程度提高时，经济的稳定性会得到增强。另一方面，技术冲击导致 *AS* 曲线或者 *AS′* 曲线移动的幅度受到产业结构和部门间需求转换机制影响而减弱，主要体现为式（4.27）中不同产业的相对价格项 $(\hat{P}_t - \hat{P}_{kt})$ 变动方向相反以及式（4.27）中 $n_k \lambda_k$ 为技术冲击 a_k 和相对价格项 $(\hat{P}_t - \hat{P}_{kt})$ 的系数。最终，在两种效应影响下，经济中总供给曲线实际上移动到 AS_2 曲线或者 AS_2' 曲线的位置。此时，AS_2' 曲线与 AD 曲线交点 B 对应的产出和通货膨胀的变动明显小于 AS_2 曲线与 AD 曲线交点 C。综上分析，当经济受到技术冲击时，经济中价格粘性的提高能够降低产出和通货膨胀的波动性。

当经济仅受到正向的货币冲击即需求冲击时，货币实际增长率的提高使得流通中名义货币数量增加，产品价格粘性因素的存在使得名义货币增长率大于通货膨胀的变动，带来实际货币余额的增加，进而导致实际利率降低和总需求增加，引起总需求曲线向右移动，如图 6.4 所示。当经济中的价格粘性程度越高时，货币冲击导致的实际需求变动越大，导致总需求曲线移动幅度越大，如 AD_1 曲线和 AD_2 曲线所示。此外，在 AD 曲线移动相同幅度的情形下，AS 曲线的斜率越小即经济中的价格粘性程度越高，货币冲击对通货膨胀的影响越小，而对产出的影响越大，如点 B 和点 C 所示。因此，经济中价格粘性程度越高，需求冲击对产出的影响越大，而对通胀的影响越小。

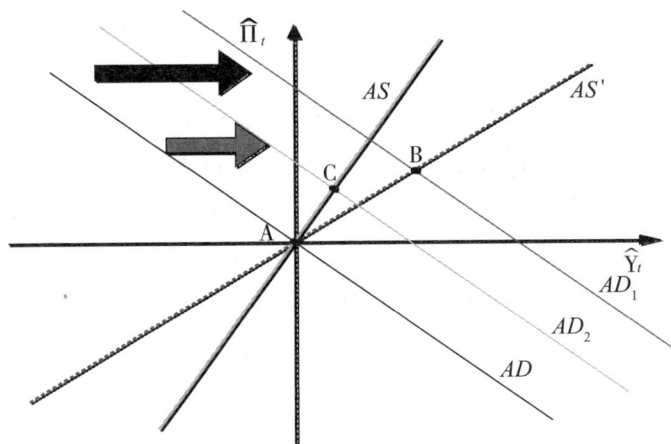

图 6.4 经济受到货币冲击时，总产出和通货膨胀变动的 AD-AS 图示

最后，表 6.3 分别给出了在两种货币供给规则下，不同产业结构类型和外生冲击组合对产出和通货膨胀波动标准差影响大小。这里，产业结构数据分别选取 1978 年、1994 年和 2012 年的中国三次产业份额。根据表 6.3 不难发现两种货币供给规则下模拟的产出和通货膨胀波动标准差显示了与 $AD-AS$ 图示分析的类似结论：当经济受到技术冲击时，经济中价格粘性的提高能够降低产出和通货膨胀的波动性；当经济遭受到需求冲击时，经济中价格粘性程度的提高能够降低对通货膨胀的影响，而增大了对产出的影响。

表6.3　不同货币供给规则与产业结构下，不同冲击对产出和通货膨胀的影响

年份	外生的货币供给规则				麦卡勒姆货币供给规则			
	技术冲击		货币冲击		技术冲击		货币冲击	
	$\sigma(y)$	$\sigma(\pi)$	$\sigma(y)$	$\sigma(\pi)$	$\sigma(y)$	$\sigma(\pi)$	$\sigma(y)$	$\sigma(\pi)$
1978	0.0155	0.0138	0.0196	0.0205	0.0103	0.0303	0.0093	0.0103
1994	0.0132	0.0111	0.0226	0.0176	0.0091	0.0221	0.0096	0.0079
2012	0.0112	0.0088	0.0260	0.0146	0.0082	0.0161	0.0100	0.0058

6.5.4　货币供给规则对外生冲击的影响

进一步根据表6.3不难发现，相对于外生的货币供给规则，麦卡勒姆货币供给规则能够显著降低外生冲击对总产出和通货膨胀的影响（除技术冲击造成的通货膨胀波动标准增大外）。这说明货币当局以数量调控为主的稳定型货币政策通过对总需求进行逆周期调整，能够达到降低经济波动、增强经济稳定的目的。不过，上述结果属于静态分析。

进一步，本小节将对模型经济的动态特征进行考察，通过比较分析不同货币供给规则下，主要宏观经济变量对外生冲击的脉冲响应图示，以理解中国数量调控为主的货币政策对宏观经济稳定性产生影响的具体作用机制，见图6.5所示。图6.5给出了两种货币供给规则下，技术冲击、货币冲击对总产出、通货膨胀和货币增长率等主要宏观经济变量的动态影响。图中点划线表示外生的货币供给规则，实线表示麦卡勒姆货币供给规则，纵轴表示宏观经济变量偏离其稳态水平的百分比，横轴则表示时期数。

首先，就技术冲击而言，技术冲击导致厂商技术水平提高，劳动边际生产率提高，促使厂商增加劳动要素投入，从而带来实际工资水平的提高，从而家庭收入和消费水平提高，最终带来总产出水平提高；同时，厂商技术水平提高，使得厂商边际成本下降，促使通货膨胀水平下降，如式（4.28）的NKPC曲线显示。在外生货币供给规则下，货币供给增长率并没有对总产出和通货膨胀的变动作出响应，因此外生冲击作出对经济的影响并没有减弱；而在麦卡勒姆货币供给规则下，货币当局根据宏观经济状况对调节货币增长率，进而改变流通中货币数量，对外生冲击产生的经济效应进行逆周期调整，从而降低外生冲击对经济的影响。从具体模拟结果来看，外生的货币供给规则下，经济中货币增长率没有发生改变，总产出最初向上偏离稳态水平大约2%，然后逐步恢复到稳态水平，由于经济主体对实际货币余额需求主要通过物价水平的下降得到满足，因此通货膨胀必然在最开始下降幅度达到2%左右，然后逐步恢复到稳态水平；在麦卡勒姆货币供给规则下，货币当局会适度考虑技术冲击的影响，增加货币供给，货币增长率最初向上偏离稳态水平达到1.3%，然后逐步回落，不过受到经济形势影响，货币增长率在第6期出现逆转，向下偏离稳态水平，然后逐步恢复到稳态水平。不过，总产出偏离稳态水平明显小于外生的货币供给情形，从先逐步上升并在第4期达到最大水平，然后逐步恢复到稳态水平。而通货膨胀偏离稳态水平明显高于外生的货币供给规则，这是由于货币当局调整货币增长率的结果。

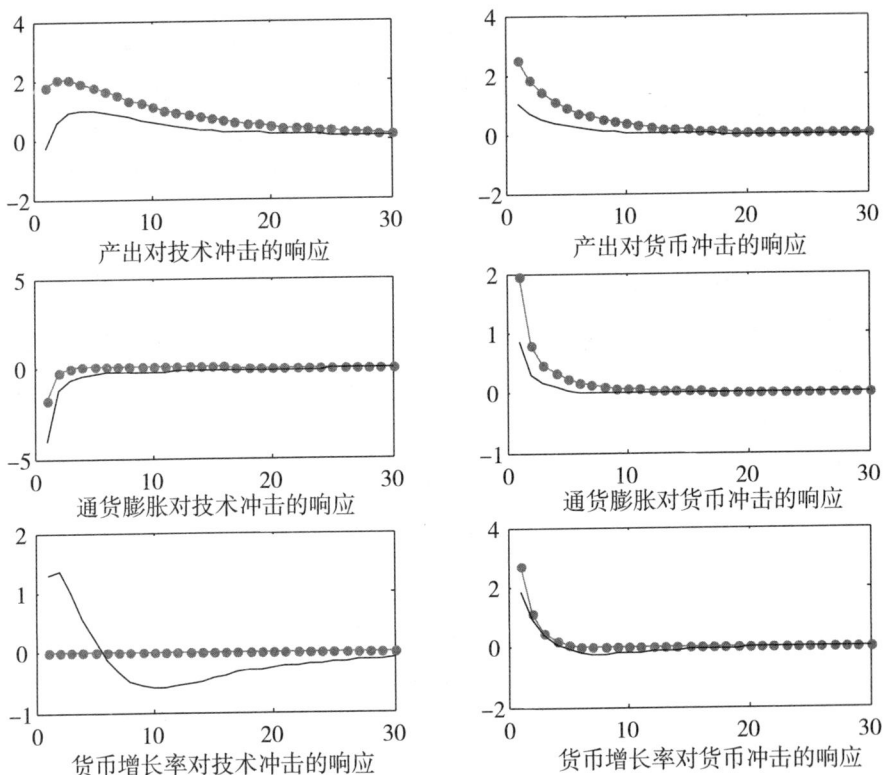

图 6.5 不同货币供给规则，外生冲击对主要宏观经济变量的脉冲响应图

同样，当经济受到正向货币冲击时，流通中的名义货币数量增加，厂商价格粘性的存在使得名义货币增长率大于通货膨胀的变动，带来实际货币数量增加，导致总需求提高，进而导致总产出和通货膨胀水平的提高。在外生的货币供给规则下，货币增长率并不对总产出和通货膨胀水平的提高作出响应；而在麦卡勒姆货币供给规则下，货币当局对货币增长率进行调整，减轻了由货币冲击导致的总需求变动，进而减轻了经济波动幅度。就具体数值来说，外生的货币供给规则下，总产出最初变动达到 2.53%，然后逐步恢复到稳态，而麦卡勒姆货币供给规则下仅为 1.03%，同样，通货膨胀也显示类似结果。

综上所述，中国以货币数量调控的稳定型货币政策对经济进行逆周期操作，能够达到稳定经济效果：对技术冲击而言，稳定型货币政策能够同时降低总产出和通货膨胀的波动性；而对货币冲击而言，稳定型货币政策能够降低总产出的波动性，但在一定程度上增大了通货膨胀的波动性。

第六节　本章小结

本章为探讨产业结构和货币政策在促进中国经济波动出现平稳化趋势的作用，构建了跨产业的新凯恩斯粘性价格模型。其中，产业结构以不同产业占 GDP 份额来衡量，货币政策分别以外生的货币供给规则和麦卡勒姆货币供给规则来刻画增量改革时期和全面改革时期的货币政策。在对模型基本参数进行校准赋值后，本章首先考察了模型对经济主要宏观变量波动特征的解释力度，数值模拟结果显示模型能够较好地再现实际经济的波动特征。其次，考察了不同货币供给规则下，产业结构升级对总产出波动标准差的影响，数值模拟显示：外生的货币供给规则下，产业结构升级造成总产出波动标准差增大，加剧经济波动，表明在增量改革时期，货币政策往往服从于经济增长目标，单一的信贷规模控制的货币政策导致经济中名义货币数量大幅波动，而产业结构升级使得经济总体价格粘性提高，进而名义货币数量变动带来的实际需求变动更加剧烈，造成经济波动加剧，从而为增量改革时期的经济大起大落提供理论佐证。麦卡勒姆货币供给规则下，货币政策对产出具有直接和间接的双重稳定效应：一方面，货币政策根据当期产出缺口状况对货币增长率进行逆周期调节；另一方面，货币政策的前瞻性明显增强，根据经济的预期通货膨胀缺口状况对货币增长率进行逆周期调节，进而通过对经济主体预期的调节达到稳定当期价格水平的目的，而稳定的价格水平为经济主体提供了良好的决策环境，间接起到了稳定产出效应。因此，货币政策根据预期通货膨胀缺口和产出缺口对经济的总需求进行逆周期调节，而产业结构升级带来经济总体价格粘性程度的提高使得货币政策通过调节流通中名义货币数量的实际需求效应更显著，增强了货币政策稳定经济的效应，促进经济抵御不利冲击的能力，在一定程度上说明货币政策改善和产业结构升级有利于中国经济波动的平稳化。将产业结构和货币政策改善对解释中国经济波动的平稳化程度作出分解后，发现货币政策改善能够解释现实经济波动幅度下降的80%左右，而纳入产业结构因素后解释力度近95%。再次，本章分别考察了产业结构、货币政策对不同性质冲击影响经济波动的差异，发现产业结构升级通过部门价格粘性异质性渠道降低技术冲击对总产出和通货膨胀的影响，而对货币冲击或者需求冲击而言，产业结构升级降低了对通货膨胀的影响，而增大了对产业的影响；稳定型货币政策通过调节货币增长率来对经济总需求调控，进而在一定程度上抵消外生冲击对经济的影响，增强经济稳定性。

总而言之，本章的研究表明稳定型货币政策通过调节流通中名义货币数量进而对总需求进行调控，而产业结构升级通过部门间价格粘性异质性渠道使得经济总体价格粘性程度提高，进而使得货币政策调节总需求的实际效应更为显著，进而有助于中国经济波动出现平稳化趋势。

第七章 产业结构升级诱因与中国经济波动的平稳化

第一节 引 言

根据第六章分析，产业结构升级通过部门间价格粘性异质性渠道改变经济总体价格粘性程度，进而影响到货币政策的实际效应。不过，上述分析中部门价格粘性异质性属于名义差异，并没有考虑到产业间的技术差异。实际上，经济中不同产业部门间存在着投入产出联系：每个部门既要利用劳动、资本等初始要素，也要将其他产业部门的产品作为中间投入品来生产本部门产品，同时将生产出的产品要么作为中间品投入生产过程中，要么作为最终品用于投资或者消费。经济中不同产业部门间的这种投入产出联系可以通过投入产出表得到系统的反映，如表 7.1 所示。具体来说，投入产出表由三个象限构成。左上角部分即第 II 象限为中间投入—中间使用部分，反映中间生产结构；左下角部分即第 III 象限为资本、劳动等要素投入或增加值，可以反映不同产业的生产状况；右上角部分即第 I 象限为消费、投资等最终使用，反映了经济中的需求结构。这样，投入产出表将产业结构（第 III 象限）、中间生产（第 II 象限）和需求结构（第 I 象限）三者联系在一起，既能够反映经济的供给状况，又能够反映经济的需求状况，需求和供给通过中间生产结构联系在一起。

1997 年中国首次出现有效需求不足现象，表明改革开放以后中国经济从卖方市场向买方市场转变，经济供给能力出现相对过剩，需求成为经济的决定性因素，价格机制可以基本完成资源配置的功能。与此同时，推动产业结构升级的主导因素也发生改变：增量改革时期，推动产业结构升级的第一因素是中间要素需求（第 II 象限），而在全面改革时期转变为最终需求的产业结构分布（第 I 象限）（段先盛，2010）。现有文献很少有将投入产出结构纳入 DSGE 模型中，探究产业结构升级诱因转变对外生冲击传导机制的影响，进而研究中间生产结构、需求结构和产业结构三者对中国经济波动状况的影响。有鉴于此，本章在跨产业的新凯恩斯粘性价格模型中引入投入产出结构因素，在细致分析模型经济传导机制的基础上，通过数值模拟研究经济结构变动对中国经济波动的影响，探寻促使中国经济波动出现平稳化趋势的结构性因素。

表 7.1　投入产出表的基本结构

投入 ╲ 产出		中间使用		最终使用	
		部门 1	部门 2	消费	投资
中间投入	部门 1	第 II 象限		第 I 象限	
	部门 2				
要素投入/增加值	劳动报酬	第 III 象限			
	资本/折旧				

本章的具体安排如下，第二节分析产业结构升级诱因转变与宏观经济波动的联系进行理论分析，第三节构建包含投入产出结构的新凯恩斯粘性价格模型，第四节介绍模型参数校准赋值过程，第五节对模型进行数值模拟与分析，第六节总结本章主要内容。

第二节　理论机制分析

宏观经济由不同产业部门构成，其波动是不同产业波动的综合效果，蕴含了不同产业波动以及它们之间相互作用的复杂机制。考虑到改革开放以来，中国产业结构不断升级和优化：经济逐步由第一、二产业占主导地位向第二、三产业转变，如图 1.2 所示，而推动产业结构升级的第一因素由中间生产结构转向需求的产业结构分布（段先盛，2010）。事实上，推动产业结构升级的主导因素的改变会对外生冲击的传导机制产生影响，进而影响到宏观经济波动状况。具体来说，在增量改革时期，中国的产业结构变动主要受到中间生产结构的影响，而中间生产结构则反映了不同产业部门的生产技术约束。一般而言，由技术因素导致的产业结构变动具有不可逆性，除非调整不同产业部门的分工与协作结构（段先盛，2010）。中间生产结构表明不同产业部门在生产过程中技术水平所要求的原材料比例关系，反映了经济中生产迂回状况。根据庞巴维克 1889 年提出的迂回生产理论，劳动生产效率的提高可以通过先生产资本品再生产消费品的办法实现。生产迂回程度的提高在产业结构上表现为迂回程度较低的第一产业在经济中份额下降，经济逐步向迂回生产程度较高的第二、三产业转变。事实上，迂回生产程度的提高使社会生产过程进一步复杂，导致厂商决策环境的不确定性程度进一步提高，厂商对外部冲击的反应更加敏感，进而放大了外生冲击对经济影响效果（Moro，2012），造成宏观经济波动的增大。由于现阶段中国受到工业化进程、生产力水平不断提高、产业规模扩大、行业内分工等因素的影响，厂商投入的资本品和原材料不断提高，导致厂商中间投入率呈现上升趋势（段志刚等，2006）。不过，受到进出口产品低附加值、大量低效重复建设、项目不注重效益等因素影响，经济发展过度依赖原材料和资本积累，使得中国中间投入率远高于同期主要发达国家水平（潘文卿和李子奈，2001；沈力生和王恒，2006）。此时，这种由中间生产结构引起的产业结构升级很难通过需求调整而改变，部门价格粘性异质性产生的需求转化机制能够缓和外生冲击的效果有限，迂回生产对外生冲击的放大效果更为显著，加剧了经济波动幅度。

在全面改革时期，1997 年中国首次出现有效需求不足现象，意味着中国经济从卖方市场向买方市场转变，经济供给能力出现相对过剩，需求成为经济的决定性因素，价格机制可以基本完成资源配置的功能。经济的市场特性日益明显，厂商只有其产品被市场接受才能够继续存活。此时，市场机制对经济的调节作用日益凸显，市场需求能够决定 90% 以上的产品生产（沈利生，2011）。由此，产业结构变动升级越来越依赖于需求的产业结构分布，而中间生产结构在影响产业结构升级的作用减弱（段先盛，2010））。伴随经济高速发展和家庭收入不断提高，中国消费结构逐步由低级向高级演变：从最初食品支出为主到耐用品消费为主，再到以服务性消费为主（雷敬萍，2008；石奇等，2009）。在此时期，家庭消费升级促使教育、娱乐、文化、交通、医疗保健等方行业增长快速，以房地产和汽车产业最为显著（雷敬萍，2008），而房地产和汽车两个行业的行业关联度高，能够带动的产业链长，促使经济实现高位增长（刘树成等，2005），在一定程度上增强了宏观经济的稳定性，促使经济出现平稳化趋势。

总而言之，推动产业结构升级的主导因素由中间生产结构转变为消费的产业结构分布，改变了外生冲击的传导机制，使得迂回生产的放大机制受到限制，而消费结构升级的缓和机制增强，在一定程度上有助于经济波动出现平稳化趋势。

第三节　理论模型构建

鉴于本章第二节分析指出推动中国产业结构升级的主导因素由中间生产结构转变为需求的产业分布，使得外生冲击传导机制发生改变，进而对中国经济波动状况产生影响。为了能够定量分析上述变动对经济波动状况的影响，本节在借鉴 Carvalho and Lee（2011）、Shamloo（2010）的研究基础之上，将投入产出结构因素纳入跨产业的新凯恩斯价格粘性模型，分析中间生产结构、需求结构和产业结构三者对中国经济波动的影响。这里，模型主要涉及家庭、企业、政府三类经济主体。

7.3.1　家庭

假设代表性家庭在每期中选择消费数量 C_t、储蓄水平 D_t、名义货币数量 M_t 和不同产业的劳动供给数量 N_{kt}，追求永久性效用水平的最大化：

$$\max E_0 \sum_{t=0}^{\infty} \beta^t \left[\frac{C_t^{1-\sigma}}{1-\sigma} + \frac{(M_t/P_t)^{1-\varphi}}{1-\varphi} - \sum_{k=1}^{3} \xi_k \frac{N_{kt}^{1+\nu}}{1+\nu} \right]$$

其中，E 表示期望算子，β 表示家庭主观贴现因子，σ 表示相对风险厌恶系数，φ 表示实际货币余额关于利率弹性的倒数，ν 表示劳动供给弹性的倒数，P_t 为经济的总价格水平（不妨将实际货币余额 M_t/P_t 简记为 m_t），χ_k 表示家庭向第 k 次产业提供劳动的相对负效用程度。假设在第 t 期期初，家庭持有名义货币余额 M_{t-1} 和储蓄的总收益 $R_{t-1}D_{t-1}$，R_{t-1} 表示储蓄从第 $t-1$ 期到第 t 期的名义毛收益率。在第 t 期期间，家庭获得工资性收入 $\sum_{k}^{K} w_{kt}N_{kt}$、不同产业部门的生产利润 $\sum_{k}^{K} \Pi_{kt}$ 以及货币当局的一次性转移支付 X_t，并向政府缴纳一次总付性质的税收 T_t。因此，家庭的跨期预算约束可以表述为：

$$C_t + \frac{M_t + D_t}{P_t} = \frac{M_t + R_{t-1}D_{t-1} + X_t}{P_t} + \sum_{k}^{K} w_{kt}N_{kt} + \sum_{k}^{K} \Pi_{kt} - T_t$$

因此，家庭决策的最优一阶条件：

$$C_t: \quad \frac{1}{R_t} = \beta E_t\left[\left(\frac{C_{t+1}}{C_t}\right)^{-\sigma}\frac{P_t}{P_{t+1}}\right] \tag{7.1}$$

$$N_{kt}: \quad \xi_k N_{kt}^{\nu} = w_{kt}C_t^{-\sigma} \tag{7.2}$$

$$m_t: \quad m_t^{-\varphi} = \frac{R_t-1}{R_t}C_t^{-\sigma} \tag{7.3}$$

为了分析消费结构变动对经济波动的影响，参考 Bouakez et al.（2009）的做法，假设消费品 C_t 根据 Cobb–Douglas 技术（简称 CD 技术）：$C_t = \prod_k^K (\xi_k)^{-\xi_k}(C_{kt})^{\xi_k}$ 将不同产业部门的最终品 C_{kt} 加总。其中，参数 ξ_k 则表示家庭消费支出中第 k 次产业产品所占份额，则 $\sum_{k=1}^K \xi_k = 1$，具体数值可通过投入–产出表获得。在给定消费品 C_t 下，则家庭消费支出最小化意味着家庭对第 k 次产业的产品需求函数为 $C_{kt} = \xi_k(P_{kt}/P_t)^{-1}C_t$，第 k 次产业产品价格 P_{kt} 和总价格水平 P_t 满足 $P_t = \prod_{k=1}^K (P_{kt})^{\xi_k}$。

7.3.2　企业

假设经济中主要存在两种类型的企业：最终品生产者和中间品生产者。其中，最终品生产者处于完全竞争市场并利用 CES 技术将中间品打包成最终品，然后销售给家庭和政府；中间品生产者则分别隶属 K 个不同产业部门，不妨将第 k 次产业中厂商 i 记为"厂商 ik"。

具体来说，最终品生产者按照价格 $P_{kt}(i)$ 向厂商 ik 购买中间品 $Y_{kt}(i)$，并利用生产技术 $Y_{kt} = \left[\int_0^1 Y_{kt}(i)^{(\varepsilon-1)/\varepsilon}di\right]^{\varepsilon/(\varepsilon-1)}$ 将中间品 $Y_{kt}(i)$ 打包成第 k 次产业的最终产品 Y_{kt}，然后按照价格 P_{kt} 销售给家庭消费或者中间品企业作原材料。其中，参数 ε 表示不同中间品之间的替代弹性。在满足厂商利润最大化的条件下，经过简单计算不难得到最终品生产者对厂商 ik 的产品需求满足 $Y_{kt}(i) = (P_{kt}(i)/P_{kt})^{-\varepsilon}Y_{kt}$，且满足 $P_{kt} = \left[\int_0^1 P_{kt}(i)^{1-\varepsilon}di\right]^{1/(1-\varepsilon)}$。

假设垄断竞争性厂商 ik 利用部门特定性劳动 $N_{kt}(i)$ 和原材料要素 $Z_{kt}(i)$ 进行生产：

$$Y_{kt}(i) = A_{kt}(N_{kt}(i))^{1-\alpha_k}(Z_{kt}(i))^{\alpha_k} \tag{7.4}$$

其中，A_{kt} 表示第 k 次产业的中间品生产者受到的技术冲击且服从 AR（1）过程：$\log(A_{kt}) = \rho_{kA}\log(A_{kt-1}) + \varepsilon_{kt}^A$。其中，$\rho_{kA} \in (-1, 1)$ 表示 AR（1）的系数，ε_{kt}^A 服从均值为零且标准差为 σ_{kA}^2 的正态分布。$\alpha_k\alpha$ 表示原材料消耗总量占生产者 α_k 总投入的份额。①当 α_k 取值越大时，说明厂商 ik 生产需要的中间品越多，生产迂回程度越高。

为引入中间生产结构，遵循 Bouakez et al.（2009）做法，假设 $Z_{kt}(i)$ 采取 CD 技术将不同产业部门的最终品 $Z_{k, k', t}(i)$ 按照一定比例关系打包成中间原材料 $Z_{kt}(i)$ 即 $Z_{kt}(i) = \prod_{k'=1}^{K}(\zeta_{kk'})^{-\zeta_{kk'}}(Z_{k, k', t}(i))^{\zeta_{kk'}}$。其中，$Z_{k, k', t}(i)$ 表示厂商 ik 生产过程中消耗的第 k' 次产业最终品数量，$\zeta_{kk'}$ 为第 k' 次产业产品支出在第 k 次产业原材料投入中所占份额，则 $\sum_{k'=1}^{K}\zeta_{kk'} = 1$，其值可通过投入产出表获得。同样，类似家庭关于消费优化问题，在给定原材料 $Z_{kt}(i)$ 的情形下，厂商 ik 对原材料 $Z_{kk't}(i)$ 的需求函数为 $Z_{kk't}(i) = \zeta_{kk'}(P_{k't}/X_{kt})^{-1}Z_{kt}(i)$，$Z_{kt}(i)$ 的价格 X_{kt} 满足 $X_{kt} = \prod_{k'=1}^{K}(P_{k't})^{\zeta_{kk'}}$。

假设要素投入市场为完全竞争型，则厂商 ik 追求投入要素成本最小化意味着要素投入 $N_{kt}(i)$ 和 $Z_{kt}(i)$ 满足如下关系：

$$N_{kt}(i): \quad w_{kt} = (1 - \alpha_k)MC_{kt}\frac{Y_{kt}(i)}{N_{kt}(i)} \tag{7.5}$$

$$Z_{kt}(i): \quad \frac{X_{kt}}{P_t} = \alpha_k MC_{kt}\frac{Y_{kt}(i)}{Z_{kt}(i)} \tag{7.6}$$

其中，MC_{kt} 表示实际边际成本，根据厂商 ik 的生产函数和要素投入最优条件可以得到实际边际成本 MC_{kt}：

$$MC_{kt} = \frac{1}{A_{kt}}\left(\frac{X_{kt}/P_t}{\alpha_k}\right)^{\alpha_k}\left(\frac{w_{kt}}{1-\alpha_k}\right)^{1-\alpha_k}$$

进一步，假设厂商 ik 遵循 Calvo 方式进行价格调整即在每期中第 k 次产业中有 $1 - \theta_k$ 份额的厂商进行价格调整，而其余厂商则保持上一期价格水平不变。因此，在每期进行价格调整的厂商 ik 选择最优价格 P_{kt}^* 以实现实际利润贴

---

①　由于本章分析涉及不同产业部门生产技术的差异分析，这里，产业部门的中间品投入份额参数 t 在不同产业中的赋值不同，与第六章模型参数 α_k 赋值不同。

现流最大化：

$$\max_{P_{kt}^*} E_t \sum_{s=0}^{\infty} (\theta_k\beta)^s \frac{\Lambda_{t,\,t+s}}{\Lambda_t} \left[\frac{P_{kt}^* Y_{k,\,t+s}(i)}{P_{t+s}} - w_{k,\,t+s} N_{k,\,t+s}(i) - \frac{X_{k,\,t+s}}{P_{t+s}} Z_{k,\,t+s}(i) \right]$$

其中，$\Lambda_{t,\,t+s} \equiv [C_{t+s}/C_t]^{-\sigma}$ 表示家庭消费边际效用的比率，厂商 ik 视为外生给定。因此，厂商 ik 制定的最优价格 P_{kt}^* 满足：

$$E_t \sum_{s=0}^{\infty} (\beta\theta_k)^s \Lambda_{t,\,t+s} Y_{kt+s}(i) \left[P_{kt}^* - \frac{\varepsilon}{\varepsilon-1} P_{t+s} MC_{k,\,t+s} \right] = 0 \qquad (7.7)$$

在金融市场完备的条件下，第 k 次产业中所有调整价格的厂商面临相同的决策环境。因此，他们将设定相同的价格；而所有不调整价格厂商则保持前一期的价格 $P_{k,\,t-1}$。当每期中调整价格厂商的份额为 $1 - \theta_k$ 时，第 k 次产业的复合产品价格水平可以表示为：

$$P_{kt} = [\theta_k P_{k,\,t-1}^{1-\varepsilon} + (1 - \theta_k) P_{kt}^{*\,1-\varepsilon}]^{1/(1-\varepsilon)} \qquad (7.8)$$

7.3.3　政府

假设政府主要包括两个部门：财政部门和货币当局。财政部门通过向家庭征收一次总付性质税收 T_t 为当期政府消费融资，且满足当期预算平衡：$G_t = T_t$。这里，将 G_t 作为外生冲击，并且服从 AR（1）过程：$\log G_t = \rho_g \log G_{t-1} + \varepsilon_t^g$。其中，$\rho_g \in (-1,1)$ 表示 AR（1）的系数，σ_t^g 服从均值为零且标准差为 σ_g 的正态分布。类似家庭消费 C_t 做法，假设政府消费 G_t 按照 CD 技术将不同产业部门的最终品加总得到即 $G_t = \prod_{k}^{K} (\vartheta_k)^{-\vartheta_k} (G_{kt})^{\vartheta_k}$。其中，$G_{kt}$ 表示政府第 t 期消费第 k 次产业产品数量，ϑ_k 表示第 k 次产业产品占政府消费支出的份额，且 $\sum_{k=1}^{K} \vartheta_k = 1$，其值可通过投入产出表获得。类似家庭关于消费的决策，经过简单计算得到政府消费 G_t 的价格 P_t^G 满足 $P_t^G = \prod_{k=1}^{K} (P_{kt})^{\vartheta_k}$，政府对第 k 次产业产品需求为 $G_{kt} = \vartheta_k (P_{kt}/P_t^G)^{-1} G_t$。

考虑到本章理论模型中，中间品厂商使用中间品要素进行生产，因此，模型经济中实际 GDP 为 $S_t = C_t + G_t$。根据第五至六章的分析，增量改革时期的货币量变动可以描述为外生的货币供给过程即假设货币增长率服从 AR（1）过程：

$$u_t = \rho_m u_{t-1} + \varepsilon_{mt}$$

其中，u_t 表示名义货币的增长率，即 $1 + u_t = M_t / M_{t-1}$，外生冲击 ε_{mt} 服从具有零均值且标准差为 σ_t^g 的正态分布，参数 ρ_m 表示货币冲击的一阶自回归的系数。这里，ε_{mt} 可视为经济的需求冲击。

而全面改革时期的货币政策可设定为具有稳定经济效应的麦卡勒姆货币供给规则：

$$u_t = a_u u_{t-1} - a_\pi E_t \hat{\Pi}_{t+1} - a_y \hat{S}_t + \varepsilon_{mt}$$

其中，参数 a_u 表示调控货币增长率的平滑程度，参数 a_π 表明货币政策调控具有前瞻性特点，参数 $a_y > 0$ 体现了货币政策具有逆周期性。当 $a_\pi = a_y = 0$ 时，麦卡勒姆货币供给法则退化为外生的货币供给法则。

7.3.4　产品市场出清

当产品市场出清时，具有如下关系：

$$Y_{kt} = C_{kt} + G_{kt} + \sum_{k'=1}^{K} \int_0^1 Z_{k',k,t}(i')di' \tag{7.9}$$

其中，$Z_{k',k,t}(i')$ 表示厂商 $i'k'$ 生产中使用第 k 次产业产品数量，$\int_0^1 Z_{k',k,t}(i')di'$ 表示第 k' 产业的所有厂商对第 k 次产业产品的需求总量，$\sum_{k'=1}^{K} \int_0^1 Z_{k',k,t}(i')di'$ 表示经济中第 k 次产业产品作为中间投入的总量。

7.3.5　模型对数线性化形式

鉴于本章理论模型是在第六章的理论模型中引入投入–产出结构因素而得到，这里不再详细列出模型的对数线性形式，仅列出模型的总需求和总供给方程。模型的总需求通过家庭消费跨期欧拉方程、产品市场出清和货币政策规则描述：

$$\hat{C}_t = E_t \hat{C}_{t+1} - \sigma^{-1}(\hat{R}_t - E_t \hat{\Pi}_{t+1}) \tag{7.10}$$

$$\hat{Y}_t = \frac{C}{Y}\hat{C}_t + \frac{G}{Y}\hat{G}_t + \frac{Z}{Y}\hat{Z}_t \tag{7.11}$$

$$u_t = \rho_m u_{t-1} + \varepsilon_{mt} u_t = \rho_m u_{t-1} + \varepsilon_{mt} \tag{7.12a}$$

$$u_t = a_u u_{t-1} - a_\pi E_t \hat{\Pi}_{t+1} - a_y \hat{S}_t + \varepsilon_{mt} \tag{7.12b}$$

模型的总供给模块利用厂商 ik 产品最优定价方程和第 k 次产业价格 P_{kt} 的动态调整方程得到，即第 k 次产业的新凯恩斯菲利普斯曲线（简称 NKPC）：

$$\widehat{\Pi}_{kt} = \beta E_t \widehat{\Pi}_{k,\,t+1} + \lambda_k [\widehat{MC}_{kt} - (\widehat{P}_{kt} - \widehat{P}_t)] \tag{7.13}$$

利用家庭的劳动供给方程、部门厂商关于劳动与中间投入一阶条件、产业部门内厂商边际成本，通过简单运算不难得到关于产出缺口形式的部门NKPC：

$$\widehat{\Pi}_{kt} = \beta E_t \widehat{\Pi}_{k,\,t+1} + \lambda_k \frac{(1-\alpha_k)\nu}{1+\alpha_k\nu}\widehat{Y}_{kt} + \lambda_k \frac{(1-\alpha_k)\sigma}{1+\alpha_k\nu}\widehat{C}_t - \lambda_k \frac{1+\nu}{1-\alpha_k}a_t$$
$$+ \frac{(1+\nu)\lambda_k}{1+\alpha_k\nu}(\widehat{X}_{kt} - \widehat{P}_t) + \lambda_k(\widehat{P}_{kt} - \widehat{P}_t) \tag{7.14}$$

整个经济的 NKPC 可以表示为：

$$\widehat{\Pi}_t = \sum_{k=1}^{3} \xi_k \widehat{\Pi}_{kt} \tag{7.15}$$

其中，参数 $\lambda_k = \dfrac{(1-\theta_k)(1-\beta\theta_k)}{\theta_k} \dfrac{1-\alpha_k}{1-\alpha_k+\alpha_k\theta}$ 且 $\dfrac{\partial\,\lambda_k}{\partial\,\theta_k} < 0$。

7.3.6 模型经济传导机制分析

在包含投入产出结构的新凯恩斯粘性价格模型中，模型主要存在以下三种外生冲击的减缓或放大机制，具体而言：

7.3.6.1 部门间消费品需求转换机制

在标准的新凯恩斯模型中，产品的异质性使得生产者获得定价权。但是根据对称性原则，当经济达到均衡稳态时，所有厂商将选择相同价格和产量。上述方法简化了模型加总，但是，造成不同产品的相对价格机制无法在模型中发挥作用。[①]事实上，造成上述结果原因在于：模型构建中没有考虑厂商间结构性差异，关键在于所有厂商拥有相同的价格调整频率，这意味着相对价格项在对数线性化处理过程中"近似掉"（Carlstrom et al.，2006）。在跨产业的新凯恩斯模型中，部门间厂商价格调整频率的差异可以在模型中明确引入不同部门间消费品的相对价格项即 $p_{kt} - p_t$，见式(7.13)和式(7.14)。由此，在模型经济中引入部门间消费品需求转换机制，具体分析见第六章，这里不再赘述。

---

① 例如 Clarida et al.（1999）和 Yun（1996）的对数线性化模型中，相对价格在解释经济总量动态变化完全没有起到任何作用。

7.3.6.2 中间投入的缓冲机制与放大机制

投入产出结构对模型产生两方面影响。一方面，在 NKPC 中明确引入中间投入与消费品的相对价格项：$x_{kt} - p_t$，即在模型中引入中间投入与消费品间的需求转换机制，其作用机制与部门间消费品需求转换机制相似，起到增强经济稳定性效果。另一方面，在模型中引入迂回生产过程。迂回生产过程的深化促进了生产效率的提高，但同时造成厂商生产过程不确定性的增大，使得经济抵御外生冲击的能力减弱。根据式（7.13）和式（7.14）可知，技术冲击对通货膨胀的影响系数增大 $1/(1 - \alpha_k)$ 倍。因此，在不改变外生冲击强度的前提下，迂回生产放大了技术冲击对通货膨胀的影响，进而通过总需求模块导致总产出、增加值波动增大。

7.3.6.3 消费需求结构变动效应

在模型经济中，$C_{kt} + G_{kt}$ 决定了需求的产业分布状况，而这种需求产业结构分布通过中间生产结构渠道影响到各部门增加值，进而影响到产业结构升级。家庭收入水平的提高促使消费结构从最初以食品支出为主到耐用品消费为主，再到以服务性消费为主。消费结构向服务性产业结构转变，而服务业具有较高产业关联度，能够拉动经济增长，促使经济稳定性增强，带来经济波动幅度的下降。

第四节 模型参数校准

为了对模型进行数值模拟，首先需要对模型的基本参数进行校准赋值。对于家庭主观贴现因子 β、相对对风险厌恶系数 σ、劳动供给的弹性倒数 ν、部门内部不同产品间替代弹性 ε、不同部门产品的替代弹性 ρ、政府消费占GDP 比重 G/Y、政府消费冲击参数 ρ_g 和$_g$、外生的货币供给的 AR（1）参数 ρ_m、不同产业部门厂商的价格粘性参数 θ_k、货币需求的利率弹性倒数 φ、货币冲击参数 σ_m、麦卡勒姆货币供给规则中参数 a_u、a_y 和 a_π 直接参考第四至六章的参数取值，这里不再赘述。鉴于中国没有编制历年的投入产出表，自 1987 年开始编制投入产出表，每隔五年（逢二、逢七年份）重新编制一次，每三年（逢零、逢五年份）修订一次，这限制了对模型技术冲击的估计，考虑到本章中主要考虑中间生产结构、消费结构变动对外生冲击产生的放大或缓和效果，本章直接参考第六章设定的技术冲击参数取值。按照 Hansen（1985）的做法，将稳态的家庭向三次产业的总劳动供给 L 设定为 $1/3$，即每个劳动力每天工作 8 小时。这里，校准参数 χ_k 使得三次产业产出占总产出的稳态水平与投入产出表中三次产业产出占总产出比重相一致。[①]对于模型结构参数，则根据中国 1987 和 2007 年的投入产出表计算赋值，主要涉及生产函数的参数中间投入份额 α_k、中间生产结构参数 $\zeta_{kk'}$、家庭和政府的消费结构参数 ξ_k、ϑ_k，具体赋值见表 7.2。

表 7.2 模型结构参数取值设定

	产业	ζ_{1k}	ζ_{2k}	ζ_{3k}	ξ_k	ϑ_k	α_k
1987 年投入产出表	第一产业	0.4672	0.1272	0.0587	0.3661	0.0053	0.3152
	第二产业	0.4170	0.7462	0.5963	0.4378	0.0866	0.6662
	第三产业	0.1158	0.1265	0.3450	0.1962	0.9080	0.4096
2007 年投入产出表	第一产业	0.3399	0.0562	0.0285	0.1155	0.0097	0.4138
	第二产业	0.5071	0.8233	0.5387	0.4096	0.0000	0.7671
	第三产业	0.1531	0.1205	0.4328	0.4748	0.9903	0.4652

第五节 数值模拟与分析

7.5.1 模型模拟结果基本评价

考虑到投入产出表反映了一定时期内不同产业部门间的技术经济联系，而技术水平一般不会发生突变，结合中国经济改革大致分为增量改革时期和全面改革时期的事实，这里分别将 1987 年和 2007 年的投入产出表作为衡量两个时期的技术经济状况反映。由此，在对模型参数校准赋值基础上，本节考察理论模型能否较好地解释两个阶段的经济波动特征。在构建的理论模型中主要包括三次产业技术冲击、政府消费冲击和货币冲击，随着不同冲击逐步引入模型中，模型模拟的结果逐步改善，与实际经济波动特征越来越吻合。

---

① 具体模型稳态求解参考本文附录 D。

这里仅给出完整冲击下模拟的结果，具体见表7.3和表7.4。

从总产出增加值的波动性来看，第一阶段模拟的结果为4.13%，略大于实际值3.79%，Kydland-Prescott方差比为109.0%，这说明模型能够解释产出波动的109%；而第二阶段模拟的结果为3.47%，大于实际值2.42%，Kydland-Prescott方差比为143.4%，这说明模型能够解释产出波动的143.4%。在增量改革时期经济波动大起大落，而全面改革时期经济波动明显下降，总产出增加值的波动降幅达到1.37%，模型显示的波动下降幅度为0.66%，能够解释总产出波动下降的48.2%，这说明经济结构的改善在一定程度上解释中国经济波动出现的平稳化趋势。

表7.3　增量改革时期的跨产业新凯恩斯模型模拟结果

变量	实际经济			模型模拟结果			Kydland-Prescott 方差比
	标准差	与产出相关系数	一阶自相关系数	标准差	与产出相关系数	一阶自相关系数	
总产出	0.0379	1.000	0.628	0.0413	1.000	0.565	1.090
第一产业	0.0460	-0.080	0.317	0.0407	0.987	0.571	0.885
第二产业	0.0554	0.912	0.532	0.0408	0.992	0.571	0.736
第三产业	0.0829	0.789	0.533	0.04571	0.954	0.525	0.551
通胀	0.0559	0.030	0.606	0.0407	-0.106	0.025	0.728

表7.4　全面改革时期的跨产业新凯恩斯模型模拟结果

变量	实际经济			模型模拟结果			Kydland-Prescott 方差比
	标准差	与产出相关系数	一阶自相关系数	标准差	与产出相关系数	一阶自相关系数	
总产出	0.0242	1.000	0.779	0.0347	1.000	0.676	1.434
第一产业	0.0400	0.607	0.582	0.0346	0.984	0.679	0.865
第二产业	0.0435	0.953	0.752	0.0346	0.981	0.678	0.795
第三产业	0.0204	0.066	0.483	0.0358	0.989	0.657	1.755
通货膨胀	0.0645	0.762	0.863	0.0522	0.312	0.178	0.809

从三次产业增加值的波动性来看，第一阶段实际经济显示三次产业增加值的波动标准差分别为4.60%、5.54%和8.29%，模拟结果小于实际值，分别为4.07%、4.08%和4.57%，Kydland-Prescott方差比分别为88.5%、

73.6%和55.1%，这说明模型能够解释三次产业增加值的波动的88.5%、73.6%和55.1%；第二阶段实际经济显示三次产业增加值的波动标准差分别为 4.00%、4.35%和 2.04%，模型模拟的结果分别为 3.46%、3.46%和 3.58%，Kydland-Prescott 方差比分别为86.5%、79.5%和175.5%，这说明模型能够分别解释三次产业增加值波动标准差的 86.5%、79.5%和175.5%。需要注意，模拟的第三产业增加值波动标准差偏大，这主要在于第三产业产品价格粘性程度比较高，从而货币冲击对该产业的影响较大。就两阶段的三次产业增加值波动标准差降幅来看，三次产业分别为 0.60%、1.19%和6.25%，模型模拟的两阶段降幅分别为 0.61%、0.62%和0.99%，能够分别解释三次产业波动标准差降幅的 102%、52.1%和 15.9%，说明模拟的结果能够基本上解释两阶段农业和工业波动标准差的降幅，而对于服务业解释不是太理想。此外，从通货膨胀的波动性来看，模型模拟的两阶段波动标准差与实际经济相当接近，Kydland-Prescott 方差比分别为 72.8%和80.9%，这说明模型能够较好地解释实际经济中通货膨胀的波动性。

总体而言，模型能够较好地解释总产出增加值、部门产出增加值、消费和通货膨胀等主要宏观变量在两个阶段所表现出的波动特征。

7.5.2 结构因素对经济波动的影响

为了考察推动产业结构升级主导因素变动对经济波动的影响，本节通过反事实模拟即在其他参数或条件不变的情形下，研究感兴趣的结构因素参数取值变动对模型经济的影响。参照 Moro（2012）和詹俊明（2012）处理方法，假设两个时期模型模拟的主要变量波动标准差分别为 σ_1、σ_2 且 $\sigma_1 > \sigma_2$，而 σ_3 为在增量改革时期中引入所考虑的结构因素下所模拟的变量波动标准差，则上述因素能够解释波动下降的比例为 $(\sigma_1 - \sigma_3)/(\sigma_1 - \sigma_2)$。其中，反事实模拟实验主要包括：①在增量改革时期模型保持其他参数不变的前提下，利用 2007 年的投入产出表对参数 $\zeta_{kk'}$ 赋值；②在增量改革时期模型保持其他参数不变的前提下，将家庭和政府消费参数 ξ_k、ϑ_k 用 2007 年的投入产出表进行赋值；③在保持增量改革时期模型其他参数不变的前提下，使用 2007 年的投入产出表对中间投入份额参数 α_k 进行赋值；④在保持增量改革时期模型其他参数不变的前提下，使用麦卡勒姆货币供给规则。由此，对上述四种情形的反事实实验进行参数校准赋值并数值模拟，得到相应结果，具体见表 7.5。

表 7.5　各种结构性因素解释中国主要经济变量波动下降力度

反事实情景	以 1987 年投入产出表为基准				解释力度（%）			
	总产出	第一产业	第二产业	第三产业	总产出	第一产业	第二产业	第三产业
中间生产结构 $\zeta_{kk'}$	0.0428	0.0422	0.0423	0.0470	−22.7	−24.5	−24.2	−13.1
消费结构 ξ_k、ϑ_k	0.0390	0.0384	0.0384	0.0403	34.8	37.7	38.7	54.5
原材料份额 α_k	0.0488	0.0483	0.0483	0.0525	−113.6	−38.3	−121.0	−68.7
货币政策变动	0.0275	0.0273	0.0272	0.0327	209.1	311.7	219.4	131.3

根据表 7.5 不难发现，不同反事实实验模拟的总产出和三次产业的增加值波动标准差呈现大致相同的趋势，只是解释力度略有差异。在此，仅以总产出增加值波动标准差变动为例进行说明。

由于中间生产结构参数 $\zeta_{kk'}$ 表示第 k' 产业产品在第 k 次产业的中间品投入中所占份额，反映不同产业部门间的生产结构联系。根据表 7.2 可知，第一产业产品占三次产业的中间投入份额在全面改革时期明显下降；第二产业产品占第一、二产业的中间投入份额明显提高，第二产业产品在第三产业原材料投入份额出现小幅下降，不过仍维持在 53% 以上的高水平；第三产业产品占第一、三次产业的中间投入份额提高，而第二产业则基本上维持不变。同样，参数 α_k 表明第 k 次产业厂商在生产中投入中间品的份额，根据表 7.2 可知，三次产业中中间投入份额上升。参数 $\zeta_{kk'}$ 和 α_k 取值的增大表明在增量改革时期，各部门生产单位产值需要的中间投入总额提高，表明迂回生产过程的深化，第二、三产业在经济中的重要性日益凸显，这种通过中间品的产业需求差异引起各部门总产出变动，进而拉动各部门增加值变动，最终导致第一产业份额下降，而第二、三产业份额上升。由于在增量改革时期，中间产业结构是产业结构变动的第一位因素（段先盛，2010），因此中间产业结构推动的产业结构升级不利于宏观经济的稳定。从数值模拟结果来看，中间生产结构变动导致总产出增加值的波动标准差由 4.13% 分别增大到 4.28% 和 4.88%，说明在增量改革时期由中间生产结构引起的产业结构升级并没有起到稳定经济的作用，迂回生产的深化使得厂商面临的不确定性增大，加剧了宏观经济波动，在一定程度可以解释增量改革时期经济波动的大起大落。此外，参数 $\zeta_{kk'}$ 的反事实模拟结果表明部门产品在原材料与消费品间配置产生的需求转换机制即 $x_{kt} - p_t$ 能够减弱外生冲击对经济影响效果较小，明显小于迂回生产对外生冲击的放大效果。

消费结构 ξ_k、ϑ_k 反映了经济中消费的产业结构分布，根据表 7.2 可知，消费对第二产业产品一直维持在 40% 的份额，而对第一产业的份额从 36.6% 下降为 11.6%，第三产业则从 19.6% 上升至 47.5%，这表明中国消费结构逐步由食品类消费转向非生活必需的耐用品消费，再到服务类商品为主的消费，涉及住房、医疗、教育、金融、保险、旅游等行业。这种需求产业结构分布通过中间生产结构渠道影响到各部门增加值，进而影响到产业结构升级，正如段先盛（2010）和沈利生（2011）指出，在全面改革时期最终需求的产业结构分布成为影响中国产业结构变迁的第一位因素，而中间生产即迂回生产和专业化分工推动的产业结构升级受到限制。在全面改革时期，消费结构以房地产和汽车产业为主，而房地产和汽车两个行业的行业关联度高，能够带动的产业链长，促使经济实现高位增长（刘树成等，2005）。根据表 7.5 中参数 ξ_k、ϑ_k 的反事实模拟，发现需求结构变动能够解释总产出和三次产业增加值波动标准差下降幅度的 34% 以上。因此，中国消费结构的优化能够起到降低外生冲击对经济的影响，进而熨平经济波动，符合了詹新宇和方福前（2011）的研究。

货币供给规则的反事实模拟表明稳定型货币政策能够显著降低经济波动幅度，模拟的总产出增加值的波动标准差由 4.13% 下降为 2.75%，能够解释总产出增加值波动降幅的 209.1%，符合第六章研究结果，这里不再详细讨论。

第六节　本章小结

本章在跨产业的新凯恩斯粘性价格模型基础上纳入投入产出结构因素，分析了产业结构升级诱因转变对宏观经济波动的影响。首先，在对模型作对数线性化处理后，细致分析了外生冲击引致经济波动的具体传导机制：需求转化机制、迂回生产的放大机制、需求结构变动效应。其次，在对模型参数校准赋值后，考察了模型对主要宏观经济变量波动特征的解释力度，发现模型能够较好地再现实际经济波动特征。最后，通过数值模拟考察中间生产结构、需求结构和产业结构三者对中国经济波动状况的影响，发现中间生产结构推动的产业结构升级不能够起到稳定经济的效果，而粗放式经济发展模式造成中间投入率偏高进一步放大了外生冲击，加剧了经济波动。需求结构升级推动的产业结构升级能够起到稳定经济效果，降低经济波动。由于投入产出结构决定了不同产业间的技术经济比例关系，使得由部门价格粘性异质性产生的部门需求转移机制稳定经济的效果并不显著。本章的研究结论表明产业结构对经济波动的影响取决于影响产业结构升级的主导因素，需求结构推动的产业结构升级能够降低外生冲击对经济的影响，在一定程度上增强宏观经济的稳定性，促使经济波动幅度下降，有助于经济波动出现平稳化趋势。

第八章　总结与研究前瞻

第一节　研究结论

中国经济波动特征在 20 世纪 90 年代中期后发生明显改变：由以"峰长谷短"为特征的"高位波动"向"波幅收窄"的平稳化转变。与此同时，GDP 构成发生显著改变：从支出结构角度来看，投资率持续上升，而消费率则呈现出下降趋势；从产业结构角度来看，经济由第一、二产业占主导地位转变为第二、三产业占主导地位。根据"冲击—传导机制"的分析框架，当未遭受到随机冲击时，经济系统会保持在均衡状态，类似于物理学的惯性定律。实际上，各种随机冲击通过特定的传导机制作用于各种宏观经济变量，使得经济的均衡状态被打破并总是处于波动当中。显然，GDP 构成的变动必然会影响到宏观经济对随机冲击的反应即传导机制发生改变，进而对宏观经济波动状况产生潜在影响。本书以此作为研究的现实背景，以动态随机一般均衡模型作为基本的分析工具，从"市场化水平""预算软约束""货币政策改善"和"产业结构升级诱因转变"四个方面探究中国经济波动出现平稳化的原因。具体研究结论如下：

第一，伴随市场化水平的提高，企业偏离利润目标受到限制，并且政府干预导致企业追求产出规模的程度降低，从而在一定程度上抑制了企业的投资冲动，促使投资趋于理性。第四章中将企业的经营目标描述为利润与规模的加权平均即 $\theta\Pi_t + (1-\theta)Y_t$，并以生产者赋予利润的权重参数 θ 大小作为衡量中国市场化水平的代理变量；企业对规模赋予的权重则体现了政府干预导致的企业投资冲动。在对第四章的理论模型进行参数校准赋值后，首先，通过改变企业利润权重参数 θ 取值来研究市场化进程对实际经济波动特征的解释力度，发现市场化水平提高有助于促进经济波动的平稳化。具体来说，在市场化程度较低和政府干预较高下，政府促使企业追求产出规模，压低银行信贷成本，通过金融加速器机制使得投资过度膨胀，导致经济波动过度波动。伴随市场化程度提高和政府干预减弱，企业投资决策趋于理性，经济波动则更多体现为市场型波动。同时，在企业仍然受到政府干预影响下，当经济出现衰退迹象时，企业的投资水平不会过度下降，起到减轻经济波动的效果。其次，分析了金融加速器机制在不同市场化程度下对外生冲击的放大和传播效果，研究表明，市场程度较低下，金融加速器机制通过投资渠道影响产出波动越明显，说明在增量改革时期，市场化程度不高使得金融加速器机制对投资的影响较大，放大了投资的波动性，从而产出呈现高位波动特征；随着市场化的提高，金融加速器机制对投资影响减小，从而使得在全面改革时期出现"波幅收窄"的平稳化趋势。因此，市场化有助于提高经济稳定性，抑制经济波动，市场化改革的阶段性特征有助于解释中国经济波动呈现出的阶段性特征。

　　第二，考虑到投资按照所有制结构可划分国有企业投资和非国有企业投资，而国有企业具有明显的软预算约束，而非国有企业天然具有非常强的预算硬约束。伴随着国有企业的预算约束日益硬化以及非国有部门在整个国民经济中地位日益提高，整体经济中企业的预算约束硬化水平显著提高，促使企业投资行为日益趋于理性。第五章的理论模型中将引入总投资的货币先行约束即 $C_t + \eta I_t \leq M_t / P_t$，将参数 η 作为衡量整体经济中企业投资受预算硬化约束的程度指标。在对第五章的理论模型进行参数校准赋值后，首先，通过改变参数 η 取值研究了企业预算约束硬化变动对经济波动的静态和动态影响，发现企业预算约束硬化促使企业重视内部现金积累，从而企业投资冲动行为通过实际货币余额积累方式得到抑制，降低投资波动，进而促使经济波动出现平稳化趋势。当经济中企业预算软约束问题非常严重时，企业预算约束硬化水平的提高能够显著降低产出波动性；当预算约束硬化水平比较高时，企业预算约束硬化水平的提高降低产出波动的幅度较小，从而为20世纪90年代中期后产出波动下降与国有企业预算约束硬化水平显著提高之间的联系提供理论佐证。其次，分析了金融中介效率对经济波动的影响，发现金融中介效率的提高能够降低外生冲击对经济的影响。同时，企业预算约束硬化水平越高，金融中介降低外生冲击的效果越明显。因此，企业预算约束的硬化和金融中介效率的提高有助于增强宏观经济的稳定性，预算约束硬化的显著变化在一定程度上有助于解释中国经济波动出现的平稳化。

　　第三，鉴于中国企业的投资主要来源银行贷款，而银行信贷往往受到中国人民银行货币政策的直接控制，货币政策改善必然影响到宏观经济波动状况。在理论分析中，货币政策产生实际效应的关键原因在于价格粘性，产业结构变动通过部门价格粘性异质性渠道影响到经济的总体价格粘性程度，进而对宏观经济稳定性产生影响。第六章构建跨产业的新凯恩粘性价格模型基础上，并对模型基本参数进行校准赋值后，首先考察了模型对经济主要宏观变量波动特征的解释力度，数值模拟结果显示模型能够较好地再现实际经济的波动特征。其次，考察了不同货币供给规则下，产业结构升级对总产出波动标准差的影响，数值模拟显示，在外生的货币供给规则下，产业结构升级造成总产出波动标准差增大，加剧经济波动，表明在增量改革时期，货币政策往往服从于经济增长目标，单一的信贷规模控制的货币政策导致经济中名义货币数量大幅波动，而产业结构升级导致经济总体价格粘性提高，使得名义货币数量变动带来的实际需求变动更加剧烈，造成经济波动加剧，从而为增量改革时期的经济大起大落提供了一定理论佐证。

　　在麦卡勒姆货币供给规则下，货币政策对产出具有直接和间接的双重稳定效应：一方面，货币政策根据当期产出缺口状况对货币增长率进行逆周期调节；另一方面，货币政策的前瞻性明显增强，根据经济的预期通货膨胀缺口状况对货币增长率进行逆周期调节，进而通过对经济主体预期的调节达到稳定当期价格水平的目的，而稳定的价格水平为经济主体提供了良好的决策环境，间接起到了稳定产出效应。因此，货币政策根据预期通货膨胀缺口和产出缺口对经济的总需求进行逆周期调节，而产业结构升级带来经济总体价格粘性程度的提高使得货币政策通过调节流通中名义货币数量的实际需求效应更显著，增强了货币政策稳定经济的效应，增强了经济抵御不利冲击的能力，在一定程度也同样说明货币政策改善和产业结构升级有利于中国经济波动的平稳化。进一步，将产业结构和货币政策改善对解释中国经济波动的平稳化程度作了分解，货币政策改善能够解释现实经济波动幅度下降的80%左右，产业结构则能够增强货币改善的解释力度，达到95%。再次，分别考察了产业结构、货币政策对不同性质冲击的影响，发现产业结构升级通过部门价格粘性异质性能够降低技术冲击对总产出和通货膨胀的影响；而对于货币冲击或者需求冲击而言，产业结构升级降低了对通货膨胀的影响，而增大了对产业的实际效应。此外，稳定型货币政策通过调节货币增长率来对经济总需求调控，进而在一定程度上抵消外生冲击对经济的影响，增强经济稳定性。

总而言之，稳定型货币政策通过调节流通中名义货币数量进而对总需求进行调控，而产业结构升级通过部门间价格粘性异质性渠道使得经济总体价格粘性程度提高，进而增强了货币政策稳定经济效应，有助于中国经济波动的平稳化出现。

第四，考虑到推动产业结构升级主导因素由中间生产结构转变为需求的产业分布，第七章构建了包含投入产出结构的跨产业新凯恩斯粘性价格模型，分析了产业结构升级主导因素变动对宏观经济波动的影响。首先，在对模型作对数线性化处理后，细致分析了外生冲击引致经济波动的具体传导机制：需求转化的缓和机制、迂回生产放大机制、需求结构变动效应。其次，在对模型参数校准赋值后，考察了模型对主要宏观经济变量波动特征的解释力度，发现模型能够较好地再现实际经济波动特征。最后，通过数值模拟考察了中间生产结构、需求结构和产业结构三者对中国经济波动状况的影响，发现中间生产结构转变推动的产业结构升级不能够起到稳定经济的效果，而粗放式经济发展模式造成中间投入率偏高进一步放大了外生冲击，加剧了经济波动；需求结构升级推动的产业结构升级能够起到稳定经济效果，降低经济波动；由于投入产出结构决定了不同产业间的技术经济比例关系，使得由部门价格粘性异质性产生部门需求转移机制稳定经济的效果并不显著。总而言之，产业结构对经济波动的影响取决于影响产业结构变迁的主导因素，需求结构升级推动的产业结构能够降低外生冲击对经济的影响，在一定程度上增强宏观经济的稳定性，促使经济波动幅度下降，有助于经济波动的平稳化出现。

第二节　政策建议

基于本书的研究结论，结合中国经济的现实情况和自身特点，为继续保持中国经济的平稳、较快良好增长态势，政府应该在政策制订和实施过程中注意以下五点：

第一，正确把握市场与政府的关系。首先，理清政府和市场作用的边界，充分发挥市场机制在资源配置中的决定性作用，政府应该退出市场机制能够发挥调节作用的领域，避免对微观企业行为的直接干预，充分发挥价格、利率和风险等机制在调节微观主体行为的作用；在市场机制无法充分发挥作用的领域如外部性、信息不完全等问题，政府应把握好调节的层面和力度，例如公共品的提供，政府可以不必完全参与，可以允许私人部门生产和经营，进而政府通过采购的方式为整个社会提供相应公共服务，充分发挥市场机制在资源配置的决定性作用，同时注意调节的力度，避免简单粗暴的行政性干预。其次，完善中央政府对地方官员的考核指标，应改变以往单纯追求经济增长的考核指标，对官员的考核指标应该是多元化的，不仅要注重经济增长的数量，还要更加注重经济增长的质量，进而减少政府对企业直接行政干预，充分尊重市场机制在配置资源的作用，抑制由政府干预引起的投资冲动行为，注重提高投资效率。再次，政府应该规范和完善各类市场规则，促进各类统一全国性市场的建立。市场规则应遵循透明、清晰和公平的原则，透明性体现在市场主体能够及时有效地获取各类规则，清晰性体现在规则避免解读错误和模糊不清，公正性体现在避免采取歧视性政策，由此，经济主体能够形成稳定的预期，降低决策风险，避免不可预期损失；促进各类全国性市场建立，消除要素流动的政策性壁垒，打破行政性垄断，促使各类资源在全国范围内充分自由流动，进而促进资源的优化配置。

第二，继续深化推进国有企业改革，硬化国有企业预算约束，使其成为真正的市场主体。首先，国资委的监管边界要合理界定，避免对企业具体决策的过多、过细干预，避免对所有国有企业采取相同的监管和改革措施，在注意到国有企业的共性基础上，同时注意到国有企业的差异性，采取分类监管和改革。其次，在推动国有企业改革过程中，正如邵宁（2014）指出国有企业改革应该按照其性质进行分类：具有公共服务性质的国有企业应该加强法律和社会监管的约束；竞争性的国有企业则向公众公司转变，通过资本市场实现国有资产的资本化和证券化，进而实现国有企业向真正的混合所有制和现代企业转变，实现彻底的市场化，促使其约束的真正硬化。再次，注重剥离国有企业的政策性负担。应该继续完善社会保障制度，剥离国有企业承担的政府职能如养老、医疗、冗员等社会保障，打破政府向国有企业进行各种形式的补贴如优惠性贷款、补贴等预期，强化国有企业预算约束的硬化。此外，继续深化对商业银行等金融机构的改革，使得金融机构在对企业贷款过程中更加注重对企业经济效益与偿债能力评估，增强银行对国有企业监督的激励，进而硬化其预算约束。

第三，完善货币政策调控，注重货币政策的有效性、前瞻性和针对性。首先，推动我国金融业有序发展，促进金融市场体系在深度和广度两个层面的发展；深度体现为金融资源在可获得性、规模方面的提高，均衡发展货币、债券、股票、金融衍生品等各类市场；广度则体现为金融产品能够满足微观经济主体关于收益和风险偏好的多样性，金融产品丰富多样。由此，金融市场的发展和完善优化了货币政策实施环境，完善货币政策操作工具，促进货币传导机制的不断完善，使得货币政策微调日益有效。其次，不断创新货币操作工具，注重提高货币政策操作的灵活性和多样性，关注资产价格波动，注重减轻企业资产负债表渠道引起的金融加速器效应，避免企业投资的过度波动，消除对经济的过度直接干预，消除货币政策自身成为经济波动的来源。同时，政府应注重培育良好的市场经济主体，加强货币当局与经济主体间的信息沟通，进而通过对预期的影响达到稳定经济效果。再次，货币政策实施应考虑到经济的产业结构状况，否则货币政策对总需求的调控不是过度刺激就是过度收缩，使得货币政策本身成为经济波动的重要来源。这是由于产业结构通过部门价格粘性异质性影响到经济总体价格粘性程度，进而影响到货币政策调控的实际需求效应。同样，部门价格粘性异质性的存在使得货币政策对不同产业的调控也存在明显差异：价格粘性程度较高部门受到的货币政策的实际产出较大，而价格粘性程度较低部门受到的实际产出效应较小，需要货币政策在实施过程中权衡不同产业部门影响得失，尽量避免顾此失彼。此外，货币政策实施过程中，货币当局应注意识别外生冲击的性质，进而采用差异化调控方式。

第四，除了认识到中国工业化过程中必然要经历中间投入率上升阶段，还应该认识到中国中间投入率偏高的事实，这说明中国增长模式依然没有摆脱粗放式增长。因此，要实现经济增长方式向集约式增长转变，需要努力降低过高的中间投入率。首先，淘汰高消耗、高污染产业，对产能过剩产业如水泥、钢铁等传统制造行业进行技术改造。其次，采取资金支持、税收减免、产业政策等措施鼓励企业增加研发投入，提高自身创新能力，利用先进技术对传统产业进行改造，重点发展和扶持战略性产业、高新技术产业和新兴产业，提升要素利用率，努力降低中间品消耗，实现经济效益的提高。

第五，促进消费结构的优化升级，推动产业结构不断升级。在促进居民收入水平不断提高和完善社会保障体系基础上，政府应该加强家庭消费知识教育，让家庭树立正确的消费观念，积极引导和培育新的消费热点和消费方式，废除不合理的消费政策，促进消费结构由生存型向服务型转变。

第三节　未来研究方向

本书对中国经济波动出现的平稳化进行了系统性研究，鉴于中国经济中市场因素在资源配置的决定性作用日益凸显，可以进一步考虑企业的投资构成（长期投资和短期投资）对经济波动的影响，进而考虑短期波动如何影响长期增长，这是本书未来的一个研究方向。此外，本书在写作过程中，作者采用 DYNARE 软件实现理论模型的模拟分析，这导致作者想法始终受到软件求解能力约束。作者将在未来的研究中不断加深对现实经济的理解，并不断学习相关数学知识，进而构建出更加贴近中国经济现实的动态随机一般均衡模型，进而推动动态随机一般均衡模型与中国经济波动问题的结合。

附　录

附录1　第四章　理论模型稳态求解

当模型经济处于稳态时，经济不再遭受到外生冲击的影响，所有变量不再随着时间发生改变。因此，这里省略经济标量的下标时间 t。此时，模型经济的外生冲击的稳态值为1。

根据家庭消费的跨期欧拉方程即式（4.2）得到，稳态的储蓄总收益率：

$$R = \frac{1}{\beta}$$

给定稳态的外部融资升水 $f\left(\frac{N}{QK}\right)$ 参数取值，根据资本持有的实际收益率和储蓄的总收益率的关系即式（4.11），得到稳态的资本持有实际收益率：

$$R^k = f\left(\frac{N}{QK}\right)R$$

根据资本租赁价格和资本持有的实际收益率的关系式即（4.9），得到稳态的资本租赁价格：

$$r = R^k - 1 + \delta$$

根据生产者的资本要素投入的最优条件即式（4.6），得到稳态的人均资本存量：

$$\frac{K}{L} = \left(\frac{\alpha}{\theta r}\right)^{\frac{1}{1-\alpha}}$$

根据生产者的劳动力要素需求的最优条件即式（4.5），得到稳态的实际工资：

$$w = \frac{(1 - \alpha)}{\theta}\left(\frac{K}{L}\right)^{\alpha}$$

当给定稳态的劳动供给水平 1/3 时，即：

$$L = 1/3$$

进一步，根据生产者的生产函数即式（4.4），得到稳态的产出：

$$Y = L \left(\frac{K}{L} \right)^{\alpha}$$

根据经济中的资本运动方程即式（4.8），得到稳态的投资：

$$I = \delta K = \delta \cdot L \cdot \frac{K}{L}$$

根据资本生产者关于投资的最优条件即式（4.7），得到稳态的资本价格：

$$Q = 1$$

在给定稳态的政府消费和产出比率即 $\frac{G}{Y}$ 下，得到稳态的政府消费：

$$G = \frac{G}{Y} \cdot Y$$

根据产品市场出清条件即式（4.13），得到稳态的家庭消费：

$$C = Y - G - I$$

根据家庭有效消费的定义即式（4.1），得到稳态的有效消费：

$$EC = C + \eta G$$

最后，根据家庭的劳动供给一阶条件，校准参数 ξ 使得稳态的劳动供给为 1/3，得到家庭消费和闲暇的相对权重参数 ξ：

$$\xi = \frac{w}{EC} \cdot (1 - L)$$

附录 2　第五章　理论模型稳态求解

根据家庭跨期储蓄的一阶条件即式（5.9），得到稳态的储蓄总收益率：

$$R = \frac{1}{\beta}$$

根据金融中介的生产技术和零利润条件即式（5.16），得到稳态的贷款毛利率：

$$R^l = \frac{R - 1}{\kappa} + 1$$

根据资本存量的一阶条件即式（5.6）、投资决策的一阶条件即式（5.7）和家庭的名义货币持有一阶条件即式（5.8），经简单计算不难得到稳态的资本收益率：

$$r = \frac{[1 + \eta(1 - \beta)] * [1 - \beta(1 - \delta)]}{\beta}$$

根据中间品厂商的最优定价一阶条件即式（5.14），得到稳态的实际边际成本：

$$MC = \frac{\theta - 1}{\theta}$$

根据中间品厂商关于实际成本的关系式，不难得到稳态的实际工资：

$$w = \left\{ \frac{MC}{\left(\frac{R^l}{\psi}\right)^\psi \left(\frac{r}{(1 - \psi)\alpha}\right)^{(1 - \psi)\alpha}} \right\}^{\frac{1}{(1 - \psi)(1 - \alpha)}} \cdot [(1 - \psi)(1 - \alpha)]$$

在给定稳态的劳动力供给水平 $N = 1/3$ 下，根据中间品厂商对劳动力需求的一阶条件即式（5.11），加总得到稳态的产出：

$$Y = \frac{w}{(1 - \psi)(1 - \alpha)MC} N$$

根据中间品厂商关于资本要素投入的一阶条件即式（5.12），加总得到稳态的资本存量：

$$K = \frac{(1 - \psi)\alpha MC}{r} Y \triangleq \delta_K Y$$

进一步，根据经济中资本运动方程即式（5.3），得到稳态的投资：

$$I = \delta K$$

根据中间品厂商关于信贷投入的一阶条件即式（5.13），加总得到稳态的信贷：

$$\chi = \frac{\psi MC}{R^l} Y \triangleq \delta_\chi Y$$

根据产品市场出清条件即式（5.17），得到稳态的家庭消费：

$$C = Y - I = (1 - \delta \cdot \delta_K) Y \triangleq \delta_C Y$$

根据家庭消费一阶条件即式（5.4）得到：

$$C^{-\sigma} = \Lambda_1 + \Lambda_2$$

根据投资决策的一阶条件即式（5.7）得到：

$$\Lambda_2 = (1 - \beta)\Lambda_1$$

因此，稳态的财富边际效用：

$$\Lambda_1 = \frac{C^{-\sigma}}{2 - \beta}$$

进一步得到稳态流动性服务的边际效用：

$$\Lambda_2 = (1 - \beta)\Lambda_1 = \frac{1 - \beta}{2 - \beta}C^{-\sigma}$$

最后，根据家庭的劳动供给一阶条件，校准参数 ξ 使得稳态的劳动供给为 1/3，得到家庭消费和闲暇的相对权重参数 ξ：

$$\xi = \frac{\Lambda_1 w}{N^\nu}$$

附录3　第六章　理论模型的稳态求解

在跨产业的新凯恩斯粘性价格模型中，不同产业部门仅存在价格粘性程度的差异。因此，当模型经济达到稳态时，价格水平必定满足 $\frac{P_k}{P} = \frac{P_k(i)}{P_k} = 1$，通货膨胀满足 $\Pi = \Pi_k = 1$。此时，根据总产出和部门产出的关系式得到 $Y_k = n_k Y$ 和 $Y_k = n_k Y_k(i)$，且劳动力在不同产业部门的配置满足：$N_k = n_k N = n_k N_k(i)$。利用上述稳态的产出和劳动力间的关系，进而根据中间品厂商的生产函数得到稳态的经济总产出：

$$Y = N^{1-\alpha}$$

在给定稳态的劳动供给水平 N 为 1/3，利用上式可以得到稳态水平的总产出 Y，进而得到部门产出 Y_k 和部门内部厂商的产出水平 $Y_k(i)$。

在给定稳态的政府消费和产出比率即 $\frac{G}{Y}$ 下，得到稳态的政府消费：

$$G = \frac{G}{Y} \cdot Y$$

根据产品市场出清条件，得到稳态的家庭消费：

$$C = Y - G$$

根据中间品厂商的最优定价一阶条件，得到稳态的实际边际成本：

$$MC_k = \frac{\varepsilon - 1}{\varepsilon}$$

由于中间品厂商关于实际成本的关系式还可以表示：

$$MC_k = \frac{w_k}{1 - \alpha} Y^{\frac{\alpha}{1-\alpha}} = \frac{w_k}{1 - \alpha} N^\alpha$$

进而得到第 k 次产业的实际工资：

$$w_k = (\varepsilon - 1/\varepsilon)(1 - \alpha) N^{-\alpha}$$

因此，不同产业部门的稳态实际工资完全相同。此外。由于稳态的总劳动供给为1/3，根据家庭的劳动供给一阶条件，校准参数 ξ_k：

$$\xi_k = (1 - \alpha)(\varepsilon - 1/\varepsilon) n_k^{-\nu} N^{-\alpha-\nu} C^{-\sigma}$$

根据家庭跨期消费的欧拉方程，得到稳态的储蓄总收益率：

$$R = \frac{1}{\beta}$$

根据家庭的实际货币余额需求一阶条件，得到稳态的实际货币余额：

$$m = \frac{R - 1}{R} C^{-\sigma}$$

附录4 第七章 理论模型的稳态求解

当在跨产业的新凯恩斯粘性价格模型中引入投入产出结构后，不同产业部门不仅存在价格粘性程度的差异，还存在生产技术方面的差异：第一，衡量不同产业部门的中间品投入份额参数 α_k 取值明显不同；第二，衡量中间投入构成的参数 ζ_{ij} 同样取值明显不同。因此，不同产业部门生产技术的差异使得稳态水平的价格并不完全相同：产业内部厂商会选择相同的价格，而部门间价格则存在一定差异。

为了模型求解方便起见，定义相对价格项 $g_{X\_k} = \frac{X_k}{P}$，$w_k = \frac{W_k}{P}$，$g_k = \frac{P_k}{P}$，$g_{G\_k} = \frac{P_k}{P}$。其中，$k = 1, 2, \cdots, K$。

根据中间品厂商的最优定价一阶条件，得到稳态的第 k 次产业的实际边际成本：

$$MC_k = g_k \frac{\varepsilon - 1}{\varepsilon}$$

进一步，根据中间品厂商的实际边际成本关系式得到：

$$MC_k = (1 - \alpha_k)^{-(1-\alpha_k)} \alpha_k^{-\alpha_k} g_{X\_k}^{\alpha_k} w_k^{1-\alpha_k}$$

因此，稳态的第 k 次产业的的实际工资可以表示为：

$$w_k = \left[g_k \frac{\varepsilon - 1}{\varepsilon} (1 - \alpha_k)^{(1-\alpha_k)} \alpha_k^{\alpha_k} g_{X\_k}^{-\alpha_k} \right]^{\frac{1}{1-\alpha_k}}$$

根据中间品厂商关于要素投入 $N_k(i)$ 和 $Z_k(i)$ 的一阶条件得到：

$$Z_k = \frac{\alpha_k}{1 - \alpha_k} \frac{w_k}{g_{X\_k}} N_k$$

根据中间品厂商的生产函数得到：

$$Y_k = N_k^{1-\alpha_k} Z_k^{\alpha_k}$$

进一步利用 w_k 和 Z_k 的关系式，经过简单计算得到稳态部门产出可表示为：

$$Y_k = \left(\frac{\alpha_k}{1 - \alpha_k} \right)^{\alpha_k} \left(\frac{w_k}{g_{X\_k}} \right)^{\alpha_k} N_k \triangleq \delta_k N_k$$

此外，根据中间品厂商的利润函数得到：

$$\Pi_k = g_k Y_k - w_k L_k - g_{X\_k} Z_k$$

将 Z_k 的关系式带入到上式，经简单计算可以将部门利润函数表示为：

$$\Pi_k = g_k Y_k - w_k N_k - g_{X\_k} Z_k = g_k Y_k - w_k N_k - \frac{\alpha_k}{1 - \alpha_k} w_k N_k$$

$$= g_k Y_k - \frac{1}{1 - \alpha_k} w_k N_k$$

将上式中劳动力 N_k 消去，并利用 w_k 的关系式，进而得到：

$$\Pi_k = \frac{1}{\varepsilon} g_k Y_k$$

因此，不难得到：

$$w_k N_k = \frac{\varepsilon - 1}{\varepsilon} (1 - \alpha_k) g_k Y_k \text{、} g_{X\_k} Z_k = \frac{\varepsilon - 1}{\varepsilon} \alpha_k g_k Y_k$$

根据模型经达到稳态时，假设政府消费占 GDP 的比重为 $sgs = \frac{G}{S}$，且 GDP 定义为：$S = C + G$，因此，得到 $C = \frac{1 - sgs}{sgs} G$。根据产品市场出清条件得到：

$$C + G = \sum_{k=1}^{K} g_k Y_k - \sum_{k=1}^{K} g_{X\_k} Z_k$$

$$= \sum_{k=1}^{K} g_k Y_k - \sum_{k=1}^{K} \frac{\varepsilon - 1}{\varepsilon} \alpha_k g_k Y_k = \sum_{k=1}^{K} \left(1 - \frac{\varepsilon - 1}{\varepsilon} \alpha_k \right) g_k Y_k$$

进而得到：

$$\xi_k C + \tau_k G = \xi_k (1 - sgs)(C + G) + \tau_k sgs(C + G)$$

$$= [\xi_k (1 - sgs) + \tau_k sgs](C + G)$$

$$= \sum_{k=1}^{K} [\xi_k (1 - sgs) + \tau_k sgs] \left(1 - \alpha_k \frac{\varepsilon - 1}{\varepsilon} \right) g_k Y_k$$

当第 k 次产业的产品市场出清时，有：

$$g_k Y_k = \xi_k C + \tau_k G + \sum_{i=1}^{K} \zeta_{ik} \alpha_i \frac{\varepsilon - 1}{\varepsilon} g_i Y_i$$

$$= \sum_{k=1}^{K} [\xi_k (1 - sgs) + \tau_k sgs] \left(1 - \alpha_k \frac{\varepsilon - 1}{\varepsilon} \right) g_k Y_k + \sum_{i=1}^{K} \zeta_{ik} \alpha_i \frac{\varepsilon - 1}{\varepsilon} g_i Y_i$$

$$= \sum_{i}^{K} \left\{ [\xi_k (1 - sgs) + \tau_k sgs] \cdot \left(1 - \alpha_i \frac{\varepsilon - 1}{\varepsilon} \right) + \zeta_{ik} \cdot \alpha_i \frac{\varepsilon - 1}{\varepsilon} \right\} g_i Y_i$$

当模型经济达到稳态时，假设三次产业总产出满足：$Y_1 : Y_2 : Y_3 = n_1 : n_2 : n_3$，根据上式有：

$$g_k n_k = \sum_{i}^{K} \left\{ [\xi_k (1 - sgs) + \tau_k sgs] \cdot \left(1 - \alpha_i \frac{\varepsilon - 1}{\varepsilon} \right) + \zeta_{ik} \cdot \alpha_i \frac{\varepsilon - 1}{\varepsilon} \right\} g_i n_i$$

$$\text{(D1)}$$

由于消费品的价格 P_t 和部门产品价格 P_{kt} 满足：

$$\sum_{k}^{K} g_k^{\xi_k} = 1 \qquad \text{(D2)}$$

这样，任意选择式（D1）中 $K-1$ 个方程和式（D2）构成的 K 元方程组，求解得到稳态的相对价格项 $\{g_k\}_{k=1}^{K}$。

进一步根据不同价格水平的定义，得到：

$$g_{\_X\_k} = \prod_{k'}^{K} g_{k'}^{\zeta_{kk'}} \text{ 和 } g_G = \prod_{k=1}^{K} g_k^{\tau_k}$$

根据中间品厂商的最优定价一阶条件，得到稳态的部门实际边际成本：

$$MC_k = \frac{\varepsilon - 1}{\varepsilon} g_k$$

进一步，根据中间品厂商的实际边际成本关系式得到：

$$MC_k = (1 - \alpha_k)^{-(1-\alpha_k)} \alpha_k^{-\alpha_k} g_{X\_k}^{\alpha_k} w_k^{1-\alpha_k}$$

因此，稳态的部门的实际工资：

$$w_k = \left[g_k \frac{\varepsilon - 1}{\varepsilon} (1 - \alpha_k)^{(1-\alpha_k)} \alpha_k^{\alpha_k} g_{X\_k}^{-\alpha_k} \right]^{\frac{1}{1-\alpha_k}}$$

当模型经济处于稳态水平时，部门总产出满足 $Y_1 : Y_2 : Y_3 = n_1 : n_2 : n_3$，并具有 $Y_1 : Y_2 : Y_3 = \delta_1 N_1 : \delta_2 N_2 : \delta_3 N_3$。由于稳态水平的经济劳动供给总 N 为 1/3，因此，$N_1 + N_2 + N_3 = 1/3$，经过简单计算不难得到：

$$N_1 = \frac{1}{1 + \frac{n_2}{n_1} \frac{\delta_1}{\delta_2} + \frac{n_3}{n_1} \frac{\delta_1}{\delta_3}} N$$

$$N_2 = \frac{n_2}{n_1} \frac{\delta_1}{\delta_2} N_1$$

$$N_3 = \frac{n_3}{n_1} \frac{\delta_1}{\delta_3} N_1$$

由此，得到稳态的部门的中间要素投入：

$$Z_k = \frac{\alpha_k}{1 - \alpha_k} N_k \frac{w_k}{g_{X\_k}}$$

因此，稳态的部门总产出：

$$Y_k = \delta_k N_k = N_k^{1-\alpha_k} Z_k^{\alpha_k}$$

因此，稳态的增加值：

$$S = C + G = \sum_{k=1}^{K} \left(1 - \frac{\varepsilon - 1}{\varepsilon} \alpha_k \right) g_k Y$$

在给定稳态的政府消费占 GDP 的比重 $\frac{G}{S}$，得到稳态水平的政府消费：

$$G = \frac{G}{S} \cdot S$$

因此，稳态的家庭消费：

$$C = S \cdot \left(1 - \frac{G}{S} \right)$$

根据家庭消费的欧拉方程，得到稳态的储蓄总收益：

$$R = \frac{1}{\beta}$$

根据家庭持有实际货币余额的最优一阶条件，得到稳态的实际货币余额：

$$m = \left[C^{-\sigma} \frac{R-1}{R} \right]^{-\frac{1}{\varphi}}$$

最后，根据家庭劳动供给一阶条件，校准参数 χ_k：

$$\chi_k = w_k C^{-\sigma} N_k^{-\nu}$$

参考文献

一、中文文献

1. 曹永福. 美国经济周期稳定化研究述评. 经济研究, 2007 (7): 152-158.

2. 陈利锋, 范红忠. 房价波动、货币政策与中国社会福利损失. 中国管理科学, 2014 (5): 42-50.

3. 陈师, 赵磊. 中国的实际经济周期与投资专有技术变迁. 管理世界, 2009a (4): 5-16.

4. 陈师, 赵磊. 中国经济周期特征与技术变迁——中性、偏向性抑或投资专有技术变迁. 数量经济技术经济研究, 2009b (4): 19-32.

5. 陈晓光, 张宇麟. 信贷约束、政府消费与中国实际经济周期. 经济研究, 2010 (12): 48-59.

6. 陈彦斌. 中国经济增长与经济稳定: 何者更为重要. 管理世界, 2005 (7): 16-21.

7. 楚尔鸣, 许先普. 基于 DSGE 模型的中国资产价格波动与货币政策分析. 中国地质大学学报 (社会科学版), 2012 (12): 114-122.

8. 杜清源, 龚六堂. 带 "金融加速器" 的 RBC 模型. 金融研究, 2005 (4): 16-30.

9. 段先盛. 中间生产和最终需求对产业结构变迁的影响研究——基于中国投入产出数据的实证检验. 数量经济技术经济研究, 2010 (11): 84-99.

10. 樊纲, 张曙光, 王利民. 双轨过渡与 "双轨调控" (上) ——改革以来我国宏观经济波动特点研究. 经济研究, 1993 (10): 15-26.

11. 樊纲, 张曙光, 王利民. 双轨过渡与 "双轨调控" (下) ——当前的宏观经济问题与对策. 经济研究, 1993 (11): 3-9.

12. 樊纲. 我国通货膨胀三种主要成因的理论分析. 经济研究, 1990 (3): 20-29.

13. 方福前, 詹新宇. 我国产业结构升级对经济波动的熨平效应分析. 经济理论与经济管理, 2011 (9): 5-16.

14. 干春晖, 郑若谷, 余典范. 中国产业结构变迁对经济增长和波动的影响. 经济研究, 2011 (5): 4-16.

15. 龚刚, 林毅夫. 过度反应: 中国经济 "缩长" 之解释. 经济研究, 2007 (4): 53-66.

16. 郭长林, 胡永刚, 李艳鹤. 财政政策扩张、偿债方式与居民消费. 管理世界, 2013

（2）：64-77.

17. 洪银兴．关于市场决定资源配置和更好发挥政府作用的理论说明．经济理论与经济管理，2014（10）：5-13.

18. 胡乃武，孙稳存．中国经济波动的平缓化趋势分析．中国人民大学学报，2008（1）：43-48.

19. 胡永刚，郭长林．财政政策规则、预期与居民消费——基于经济波动的视角．经济研究，2013（3）：96-107.

20. 胡志鹏．中国货币政策的价格型调控条件是否成熟？——基于动态随机一般均衡模型的理论与实证分析．经济研究，2012（6）：60-72.

21. 黄险峰．真实经济周期理论．北京：中国人民大学出版社，2003.

22. 黄赜琳．中国经济周期特征与财政政策效应——一个基于三部门RBC模型的实证分析．经济研究，2005（6）：27-39.

23. 贾俊雪，郭庆旺．中国经济周期波动特征变化与宏观经济稳定政策．经济理论与经济管理，2008（7）：5-12.

24. 简志宏，李霜，鲁娟．货币供应机制与财政支出的乘数效应——基于DSGE的分析．中国管理科学，2011（2）：30-39.

25. 金中夏，洪浩，李宏瑾．利率市场化对货币政策有效性和经济结构调整的影响．经济研究，2013（4）：69-82.

26. 雎国余，蓝一．中国经济周期性波动微观基础的转变．中国社会科学，2005（1）：60-70.

27. 卡尔·瓦什．货币理论与政策（第3版），上海：格致出版社，2012.

28. 雷敬萍．我国消费结构升级与产业结构变迁．当代经济，2008（15）：16-17.

29. 李宾．我国资本存量估算的比较分析．数量经济技术经济研究，2011（12）：21-36.

30. 李猛．产业结构与经济波动的关联性研究．经济评论，2010（6）：98-104.

31. 李松华．基于DSGE模型的中国货币政策传导机制研究［D］．华中科技大学博士学位论文，2010.

32. 李勇，王满仓，高煜．中国经济周期的实际轨迹：一个理论框架——基于市场成长的视角．南开经济研究，2010（3）：90-104.

33. 李云娥．宏观经济波动与产业结构变动的实证研究．山东大学学报（哲学社会科学版），2008（3）：120-126.

34. 林建浩，王美今．中国宏观经济波动的"大稳健"——时点识别与原因分析．经济学（季刊），2013（1）：577-604.

35. 林铁钢．中国银行业改革：历史回顾与展望——访中国银行业监督管理委员会副主席唐双宁．中国金融，2005（3）：16-18.

36. 林毅夫，刘明兴，章奇．政策性负担与企业的预算软约束：来自中国的实证研究．管理世界，2004（8）：81-89.

37. 刘斌．动态随机一般均衡模型及其应用，北京：中国金融出版社，2010.

38. 刘丹鹭．服务业发展能烫平宏观经济波动吗？——基于中国数据的研究．当代财经，2011（6）：97-107.

39. 刘金全，刘志刚．我国经济周期波动中实际产出波动性的动态模式与成因分析．经济研究，2005（3）：26-35.

40. 刘兰凤，袁申国．中国经济金融加速器效应的 DSGE 模型分析．南方经济，2012（8）：102-114.

41. 刘瑞明．中国经济的体制困境与波动形成：一个理论框架及其检验．财经科学，2009（12）：74-83.

42. 刘树成，张晓晶，张平．实现经济周期波动在适度高位的平滑化．经济研究，2005（11）：10-21.

43. 刘树成，张晓晶．中国经济持续高增长的特点和地区间经济差异的缩小．经济研究，2007（10）：17-31.

44. 刘树成．中国经济波动的新轨迹．经济研究，2003（3）：3-8.

45. 刘霞辉．为什么中国经济不是过冷就是过热？经济研究，2004（11）：25-37.

46. 刘宗明．工资加成、就业抑制与最优货币政策分析——货币政策是否应该对劳动力市场作出反馈？南开经济研究，2013（1）：68-90.

47. 罗英，聂鹏．后危机时代中国财政政策的动态效应分析——基于 DSGE 模型的数值模拟．经济学家，2011（4）：53-62.

48. 骆振心，杜亚斌．银行业发展与中国宏观经济波动：理论及实证．当代经济科学，2009（1）：65-71.

49. 马文涛．货币政策的数量型工具与价格型工具的调控绩效比较——来自动态随机一般均衡模型的证据．数量经济技术经济研究，2011（10）：92-110.

50. 毛彦军，王晓芳，徐文成．消费约束与货币政策的宏观经济效应——基于动态随机一般均衡模型的分析．南开经济研究，2013（1）：53-67.

51. 梅丹．政府干预、预算软约束与过度投资——基于我国国有上市公司2004—2006年的证据．软科学，2009（11）：114-117.

52. 潘文卿，李子奈．中日消耗系数变动趋势的比较研究．统计研究，2001（5）：25-30.

53. 渠慎宁，吴利学，夏杰长．中国居民消费价格波动：价格粘性、定价模式及其政策含义．经济研究，2012（11）：88-102.

54. 单豪杰．中国资本存量 K 的再估算：1952—2006 年．数量经济技术经济研究，2008（10）：17-31.

55. 单豪杰．中国资本存量 K 的再估算：1952—2006 年．数量经济技术经济研究，2008（10）：17-31.

56. 邵宁. 十八届三中全会《决定》与国有企业改革. 现代国企研究, 2014（1）：8-23.

57. 沈利生. 最终需求结构变动怎样影响产业结构变动. 数量经济技术经济研究, 2011
（12）：82-95.

58. 石奇, 尹敬东, 吕磷. 消费升级对中国产业结构的影响. 产业经济研究, 2009（6）：
7-12.

59. 石柱鲜, 吴泰岳, 邓创, 王晶晶. 关于我国产业结构调整与经济周期波动的实证研究.
数理统计与管理, 2009（3）：412-419.

60. 孙广生. 经济波动与产业波动（1986—2003）——相关性、特征及推动因素的初步研
究. 中国社会科学, 2006（3）：62-73.

61. 孙琳琳, 任若恩. 资本投入测量综述. 经济学（季刊）, 2005（4）：823-842.

62. 孙宁华, 曾磊. 间歇式制度创新与中国经济波动：校准模型与动态分析. 管理世界,
2013（12）：22-31.

63. 孙稳存. 货币政策与中国经济波动缓和化. 金融研究, 2007（7）：10-24.

64. 唐文进, 刘增印, 徐晓伟. 货币政策调控：数量型还是价格型？——基于 DSGE 模型
的分析. 世界经济与政治论坛, 2014（1）：142-159.

65. 仝冰. 货币、利率与资产价格——基于 DSGE 模型分析和预测. 北京：北京大学国家
发展研究院, 2010.

66. 屠俊明. 中国消费波动和产出波动现象研究——基于动态随机一般均衡模型的视角.
北京：中国人民大学经济学院, 2012.

67. 万解秋, 徐涛. 政府支出, 财政扩张与货币政策效率. 财贸经济, 2011（2）：44-48.

68. 王国静, 田国强. 金融冲击和中国经济波动. 经济研究, 2014（3）：20-34.

69. 王国静, 田国强. 政府支出乘数. 经济研究, 2014（9）：4-19.

70. 王佳, 王文周, 张金水. 部门冲击和整体冲击的经济影响分析——基于改进的中国 7
部门 DSGE 模型的数值模拟. 中国管理科学, 2013（5）：15-22.

71. 王佳, 张金水. 外生冲击沿部门传导的作用机制和影响研究——基于中国七部门 DSGE
模型的数值模拟. 数量经济技术经济研究, 2011（3）：127-139.

72. 王晋斌. 金融控制、风险化解与经济增长. 经济研究, 2000（4）：11-18.

73. 王文甫, 王子成. 积极财政政策与净出口：挤入还是挤出？管理世界, 2012（10）：
25-36.

74. 王文甫, 朱保华. 政府支出的外部性和中国政府支出的宏观效应：动态随机一般均衡
视角. 经济科学, 2010（2）：17-28.

75. 王文甫. 价格粘性、流动性约束与中国财政政策的宏观效应——动态新凯恩斯主义视
角. 管理世界, 2010（9）：11-25.

76. 王翔, 李凌. 中国的金融发展, 经济波动与经济增长：一项基于面板数据的研究. 上
海经济研究, 2009（2）：34-43.

77. 王小鲁，樊纲. 中国经济增长的可持续性——跨世纪的回归与展望. 北京：经济科学出版社，2000.

78. 王艺明，蔡昌达. 货币政策的成本传导机制与价格之谜——基于新凯恩斯主义 DSGE 模型的研究. 经济学动态，2012（3）：14-25.

79. 王宇. 论中国货币政策调控机制的改革. 经济研究，2001（11）：28-34.

80. 吴超林. 1984 年以来中国宏观调控中的货币政策演变. 当代中国史研究，2004（3）：35-45.

81. 吴敬琏. 当代中国经济改革教程，上海：上海远东出版社，2010.

82. 吴军，白云霞. 我国银行制度的变迁与国有企业预算约束的硬化——来自 1999—2007 年国有上市公司的证据. 金融研究，2009（10）：179-192.

83. 谢绵陛. 财富效应、经济稳定与货币政策选择——基于中国 DSGE 模型的实证研究. 南方经济，2013（6）：35-48.

84. 徐高. 基于动态随机一般均衡模型的中国经济波动数量分析. 北京大学博士研究生学位论文，2008.

85. 徐舒，左萌，姜凌. 技术扩散、内生技术转化与中国经济波动. 管理世界，2011（3）：22-31.

86. 许伟，陈斌开. 银行信贷与中国经济波动：1993—2005. 经济学（季刊），2009（3）：969-994.

87. 许志伟，薛鹤翔，罗大庆. 融资约束与中国经济波动——新凯恩斯主义框架内的动态分析. 经济学（季刊），2010（1）：83-110.

88. 鄢莉莉，王一鸣. 金融发展、金融市场冲击与经济波动——基于动态随机一般均衡模型的分析. 金融研究，2012（12）：82-95.

89. 鄢莉莉. 金融中介效率对货币政策效果的影响——基于动态随机一般均衡模型的研究. 国际金融研究，2012（6）：4-11.

90. 严成樑，沈超. 转型时期制度变迁对我国经济波动的影响研究——市场化水平视角. 经济理论与经济管理，2014（1）：27-37.

91. 杨慎可. 金融加速器与财政政策的动态效应. 中央财经大学学报，2013（12）：14-21.

92. 姚耀军，鲍晓辉. 金融中介发展平抑了经济波动吗？——来自中国的经验证据. 财经研究，2013（1）：61-70.

93. 叶慧珏，林毅夫：中国经济将在中期保持 7%～7.5% 的发展速度. 21 世纪经济报道，2015-1-9.

94. 于尚艳，易小丽. 偏向性技术变迁下的宏观经济波动与货币政策效应——基于 DSGE 模型的分析. 经济学家，2013（7）：78-85.

95. 袁申国，陈平. 资产负债表，金融加速器与企业投资. 经济学家，2010（4）：61-67.

96. 袁申国，刘兰凤. 中国货币政策金融加速器效应的行业差异性分析. 上海金融，2009

(3)：36-39.

97. 岳娟丽，徐晓伟．基于社会福利的央行货币政策目标利率选择——动态随机一般均衡模型下的实证分析．江西财经大学学报，2014（2）：33-43.

98. 岳希明．我国现行劳动统计的问题．经济研究，2005（3）：46-56.

99. 詹新宇，方福前．国有经济改革与中国经济波动的平稳化．管理世界，2012（3）：11-22.

100. 詹新宇，甘凌．产业结构升级与中国经济波动平稳化．经济评论，2013（4）：97-107.

101. 詹新宇．区域经济发展战略转变与中国宏观经济波动．中国人口资源与环境，2014（9）：141-146.

102. 张成思．随机波动与经济周期平稳化研究．财贸经济，2010a（1）：121-126.

103. 张成思．随机冲击、货币政策与经济周期波动．中国人民大学学报，2010b（6）：31-39.

104. 张杰平．开放经济 DSGE 模型下我国货币政策规则的选择．山西财经大学学报，2012（4）：18-28.

105. 张军，吴桂英，张吉鹏．中国省际物质资本存量估算：1952—2000．经济研究，2004（10）：35-44.

106. 张良贵，孙久文．金融加速器效应的经济区域特征与区域产业转移．产业经济研究，2013（3）：74-83.

107. 张四灿，王飞，王兴．中国消费过度波动的因素分析．现代财经（天津财经大学学报），2014（3）：13-22.

108. 张四灿．市场化水平与中国经济波动的平稳化——基于扩展的 RBC 模型分析．经济与管理研究，2014（11）：5-13.

109. 赵振全，于震，，刘淼．金融加速器效应在中国存在吗？经济研究，2007（6）：27-38.

110. 钟海燕，冉茂盛．产品市场竞争与现金持有动态调整．经济与管理研究，2013（2）：88-95.

111. 周立群．刺激与约束——论企业运行机制的转换．经济研究，1989，（9）：62-69.

112. 朱柏松，简志宏，李霜．动态随机一般均衡下货币供应和财政政策的联动机制研究．投资研究，2014（6）：4-17.

113. 朱红军，何贤杰，陈信元．金融发展、预算软约束与企业投资．会计研究，2006（10）：64-71.

114. 朱军．开放经济中的外部冲击与财政协调政策——动态随机一般均衡的视角．经济学动态，2013（6）：73-79.

115. 朱彤，漆鑫，李磊．金融发展、外生冲击与经济波动——基于我国省级面板数据的研究．商业经济与管理，2011（1）：52-59.

116. 庄子罐，崔小勇，龚六堂等．预期与经济波动——预期冲击是驱动中国经济波动的主要力量吗？经济研究，2012（6）：46-59.

二、英文文献

1. Acemoglu D. , Johnson S. , Robinson J. , et al. . Institutional Causes, Macroeconomic Symptoms: Volatility, Crises and Growth. Journal of Monetary Economics, 2003, 50 （1）: 49-123.

2. Adjemian S. , Bastani H. , Juillard M. , Mihoubi F. , Perendia G. , Ratto M. , Villemot S. . Dynare: Reference Manual, Version 4. Dynare Working Papers No. 1, CEPREMAP, 2011.

3. Aghion P. , Angeletos G. M. , Banerjee A. , Manova K. . Volatility and Growth: Credit Constraints and the Composition of Investment. Journal of Monetary Economics, 2010, 57 （3）: 246-265.

4. Aguiar M. , Gopinath G. . Emerging Market Business Cycles: the Cycle is the Trend. Journal of Political Economy, 2007, 115 （1）: 69-102.

5. Alcala F. , Sancho I. . Output Composition and the US Output Volatility Decline. Economics Letters, 2004, 82 （1）: 115-120.

6. Angelopoulos K. , Economides G. , Vassilatos V. . Do Institutions Matter for Economic Fluctuations? Weak Property Rights in a Business Cycle Model for Mexico. Review of Economic Dynamics, 2011, 14 （3）: 511-531.

7. Arias A. , Hansen G. D. , Ohanian L. E. . Why have Business Cycle Fluctuations Become Less Volatile? Economic Theory, 2007, 32 （1）: 43-58.

8. Atta-Mensah J. , Dib A. . Bank Lending, Credit Shocks, and the Transmission of Canadian Monetary Policy. International Review of Economics & Finance, 2008, 17 （1）: 159-176.

9. Barseghyan L. , DiCecio R. . Institutional Causes of Output Volatility. Federal Reserve Bank of St. Louis Review, 2010, 92 （3）: 205-224.

10. Barseghyan L. . Entry Costs and Cross-country Differences in Productivity and Output. Journal of Economic Growth, 2008, 13 （2）: 145-167.

11. Benati L. , Surico P. . VAR Analysis and the Great Moderation. American Economic Review, 2009, 99 （4）: 1636-1652.

12. Benhabib J. , Perli R. , Sakellaris P. . Persistence of Business Cycles in Multisector Real Business Cycle Models. International Journal of Economic Theory, 2006, 2 （3）: 181-197.

13. Benhabib J. , Rogerson R. , Wright R. . Homework in Macroeconomics: Household Production and Aggregate Fluctuations. Journal of Political Economy, 1991, 99 （6）: 1166-1187.

14. Bernanke B. S. , Gertler M. , Gilchrist S. . The Financial Accelerator in a Quantitative Business Cycle Framework. In: Handbook of macroeconomics, North-Holland, Amsterdam, 1999.

15. Bernanke B. , Blinder A. . Credit, Money and Aggregate Demand. American Economic Review, 1988, 78 (2), 435-439.

16. Bernanke B. . The Great Moderation. Meetings of the Eastern Economic Association, Washington, D. C. . 2004.

17. Blanchard O. J. , Kahn C. M. . The Solution of Linear Difference Models under Rational Expectations. Econometrica, 1980, 48 (5): 1305-1312.

18. Blanchard O. , Simon J. . The Long and Large Decline in US Output Volatility. Brookings Papers on Economic Activity, 2001 (1): 135-174.

19. Boivin J. , Giannoni M. P. . Has Monetary Policy become More Effective? Review of Economics and Statistics, 2006, 88 (3): 445-462.

20. Bouakez H. , Cardia E. , Ruge-Murcia F. J. . The Transmission of Monetary Policy in a Multisector Economy. International Economic Review, 2009, 50 (4): 243-1266.

21. Bullard J. , Singh A. . Learning and the Great Moderation. International Economic Review, 2012, 53 (2): 375-397.

22. Bunn P. , Ellis C. . How do Individual UK Consumer Prices Behave? Bank of England, Working Paper No. 438, 2011.

23. Burns A. F. . Progress towards Economic Stability. American Economic Review, 1960, 50 (1): 1-19.

24. Burnside C. , Eichenbaum M. , Rebelo S. . Labor hoarding and the Business Cycle. Journal of Political Economy, 1993, 101 (2): 245-273.

25. Burren D. , Neusser K. . The Role of Sectoral Shifts in the Decline of Real GDP Volatility. Macroeconomic Dynamics, 2013, 17 (3): 477-500.

26. Calvo G. A. . Staggered Prices in a Utility-maximizing Framework. Journal of Monetary Economics, 1983, 12 (3): 383-398.

27. Campbell J. R. , Hercowitz Z. . The Role of Collateralized Household Debt in Macroeco Economic Stabilization. NBER Working Paper No. w11330, 2005.

28. Canova F. . What explains the great moderation in the US? A Structural Analysis. Journal of the European Economic Association, 2009, 7 (4): 697-721.

29. Carare A. , Mody A. . Spillovers of Domestic Shocks: Will They Counteract the "Great Moderation"? International Finance, 2012, 15 (1): 69-97.

30. Carlstrom C. , Fuerst T. S. . Agency Costs, Net Worth, and Business Fluctuations: A Computable General Equilibrium Analysis. American Economic Review, 1997, 87 (5):

893-910.

31. Carlstrom C. , Fuerst T. , Ghironi F.. Relative Price Dynamics and the Aggregate Economy. 2006. http: //copland. udel. edu/~kolver/research/papers/2sec/persistence. pdf.

32. Carvalho C. , Lee J. W.. Sectoral Price Facts in a Sticky-price Model, Federal Reserve Bank of New York, Staff Report No. 495, 2011.

33. Carvalho C.. Heterogeneity in Price Stickiness and the Real Effects of Monetary Shocks . Frontiers in Macroeconomics, 2006, 2 (1) .

34. Carvalho V. , Gabaix X.. The Great Diversification and its Undoing. American Economic Review, 2013, 103 (5): 1697-1727.

35. Caunedo J.. Aggregate Fluctuations and the Industry Structure of the US Economy. Department of Economics, Cornell University, Working Paper, 2014.

36. Cecchetti S. G. , Flores-Lagunes A. , Krause S.. Assessing the Sources of Changes in the Volatility of Real Growth. NBER Working Paper No. w11946, 2006.

37. Christensen I. , Dib A.. The Financial Accelerator in an Estimated New Keynesian Model. Review of Economic Dynamics, 2008, 11 (1): 155-178.

38. Christiano L. J. , Eichenbaum M. , Evans C. L.. Nominal Rigidities and the Dynamic Effects of a Shock to Monetary Policy. Journal of Political Economy, 2005, 113 (1): 1-45.

39. Christiano L. J. , Eichenbaum M.. Current Real-business-cycle Theories and Aggregate Labor Market Fluctuations. The American Economic Review, 1992 (82): 430-450.

40. Christiano L. J. , Eichenbaum M.. Liquidity Effects and the Monetary Transmission Mechanism. American Economic Review, 1992, 82 (2): 346-353.

41. Christiano L. J. , Motto R. , Rostagno M.. Financial Factors in Economic Fluctuations. ECB Working Paper No. 1192, 2010.

42. Chu A. C. , Leung C. K. Y. , Tang E.. Intellectual Property Rights, Technical Progress and the Volatility of Economic Growth. Journal of Macroeconomics, 2012, 34 (3): 749-756.

43. Clarida R. , Gali J. , Gertler M.. Monetary Policy Rules and Macroeconomic Stability: Evidence and Some Theory . Quarterly Journal of Economics, 2000, 115 (1): 147-180.

44. Clarida R. , Galí J. , Gertler M.. The Science of Monetary Policy: A New Keynesian Perspective . Journal of Economic Literature, 1999, 37 (4): 1661-1707.

45. Cooley T. F. , Hansen G. D.. The Inflation Tax in a Real Business Cycle Model. American Economic Review, 1989, 82 (2): 733-748.

46. Cooley T. F. , Prescott E. C.. Economic Growth and Business Cycles. In Thomas F. Cooley ed. , Frontiers of Business Cycle Research, NJ: Princeton University Press, 1995: 1-38.

47. Ćorić B.. The Sources of the Great Moderation: A Survey. Available at SSRN: http: // ssrn. com/abstract=1641201. Accessed 20 November 2011.

48. David N. DeJong and Chetan Dave, Structural Macroeconometrics, Second Edition, Princeton University Press, 2007.

49. De Hart P. J. Output Volatility in Developing Countries. University of South Africa, 2008.

50. Dynan K. E. , Elmendorf D. W. , Sichel D. E. . Can Financial Innovation Help to Explain the Reduced Volatility of Economic Activity? Journal of Monetary Economics, 2006, 53 (1): 123–150.

51. Eggers A. , Ioannides Y. M. . The Role of Output Composition in the Stabilization of US Output Growth. Journal of Macroeconomics, 2006, 28 (3): 585–595.

52. Flamini A. , Ascari G. , Rossi L. . Industrial Transformation, Heterogeneity in Price Stickiness, and the Great Moderation. Department of Economics and Management, University of Pavia, Working paper No. 025, 2012.

53. Flamini A. . Price Stickiness Asymmetry and Real Shocks Macroeconomic Dynamics. Department of Economics and Management, University of Pavia, Working Paper No. 23, 2012.

54. Frisch R. . Propagation Problems and Impulse Problems in Dynamic Economics, in Economic Essays in Honour of Gustav Cassel, London: Allen & Unwin, 1933.

55. Fuerst T. S. . Liquidity, Loanable Funds, and Real Activity. Journal of Monetary Economics, 1992, 29 (1): 3–24.

56. Gai P. , Kapadia S. , Millard S. , et al. . Financial Innovation, Macroeconomic Stability and Systemic Crises. The Economic Journal, 2008, 118 (527): 401–426.

57. Galı J. , Gertler M. . Inflation Dynamics: A Structural Econometric Analysis. Journal of Monetary Economics, 1999, 44 (2): 195–222.

58. Gambetti L. , Gal J. . On the Sources of the Great Moderation. American Economic Journal: Macroeconomics, 2009, 1 (1): 26–57.

59. George T. . McCandless. The ABCs of RBCs: An Introduction to Dynamic Macroeconomic Models. Harvard University Press, 2008.

60. Giannone D. , Lenza M, Reichlin L. Explaining the great moderation: It is not the shocks. Journal of the European Economic Association, 2008, 6 (2–3): 621–633.

61. Goodfriend M. , McCallum B. T. . Banking and Interest Rates in Monetary Policy Analysis: A Quantitative Exploration. Journal of Monetary Economics, 2007, 54 (5): 1480–1507.

62. Hansen G. D. . Indivisible Labor and the Business Cycle. Journal of Monetary Economics, 1985, 16 (3): 309–327.

63. Hodrick R. J. , Prescott E. C. . Postwar US Business Cycles: an Empirical Investigation. Journal of Money, Credit and Banking, 1997, 29 (1): 1–16.

64. Hornstein A. , Praschnik J. . Intermediate Inputs and Sectoral Co−movement in the Business Cycle. Journal of Monetary Economics, 1997, 40 (3): 573–595.

65. Horvath M.. Cyclicality and Sectoral Linkages: Aggregate Fluctuations from Independent Sectoral Shocks. Review of Economic Dynamics, 1998, 1 (4): 781-808.

66. Horvath M.. Sectoral Shocks and Aggregate Fluctuations. Journal of Monetary Economics, 2000, 45 (1): 69-106.

67. Iacoviello M., Neri S.. Housing Market Spillovers: Evidence from an Estimated DSGE Model. American Economic Journal: Macroeconomics, 2010, 2 (2): 125-164.

68. Iacoviello M.. House Prices, Borrowing Constraints, and Monetary Policy in the Business Cycle. American Economic Review, 2005, 95 (3): 739-764.

69. Jaimovich N., Siu H. E.. The Young, the Old, and the Restless: Demographics and Business Cycle Volatility. American Economic Review, 2009, 99 (3): 804-826.

70. Jermann U., Quadrini V.. Financial Innovations and Macroeconomic Volatility. NBER Working Paper No. w12308, 2006.

71. Jia Y.. A New Look at China's Output Fluctuations: Quarterly GDP Estimation with an Unobserved Components Approach. George Washington University Research Program on Forecasting. Working Paper No. 2011-006, 2011.

72. Justiniano A., Primiceri G. E.. The Time - varying Volatility of Macroeconomic Fluctuations. American Economic Review, 2008, 98 (3): 604-641.

73. Kahn J. A., McConnell M. M., Perez-Quiros G.. On the Causes of the Increased Stability of the US Economy. Economic Policy Review, 2002, 8 (1): 183-202.

74. Kim C. J., Morley J., Piger J.. Bayesian Counterfactual Analysis of the Sources of the Great Moderation. Journal of Applied Econometrics, 2008, 23 (2): 173-191.

75. Kiyotaki N., Moore J.. Credit Cycles. The Journal of Political Economy, 1997, 105 (2): 211-248.

76. Klein P.. Using the Generalized Schur form to Solve a Multivariate Linear Rational Expectations Model. Journal of Economic Dynamics and Control, 2000, 24 (10): 1405-1423.

77. Klomp J., de Haan J.. Political Institutions and Economic Volatility. European Journal of Political Economy, 2009, 25 (3): 311-326.

78. Kydland F. E., Prescott E. C.. Time to Build and Aggregate Fluctuations. Econometrica, 1982, 50 (6): 1345-70.

79. Long Jr. J. B., Plosser C. I.. Real Business Cycles. Journal of Political Economy, 1983, 90 (1): 39-69.

80. Lubik T. A., Schorfheide F.. Testing for Indeterminacy: An Application to US Monetary Policy. American Economic Review, 2004, 94 (1): 190-217.

81. Lucas R. E., Rapping L. A.. Real Wage, Employment, and Inflation in Economic. Journal of Political Economy, 1969, 77 (5): 721-754.

82. Mankiw N. G. . Real Business Cycles: A New Keynesian Perspective. Journal of Economic Perspectives, 1989, 3 (3): 79-90.

83. McConnell M. M. , Perez-Quiros G. . Output Fluctuations in the United States: What has Changed since the early 1980's? American Economic Review, 2000, 90 (5): 1464-1476.

84. Meh C. A. , Moran K. . The Role of Bank Capital in the Propagation of Shocks. Journal of Economic Dynamics and Control, 2010, 34 (3): 555-576.

85. Mendicino C. . On the Amplification Role of Collateral Constraints. Economics Letters, 2012, 117 (2): 429-435.

86. Miao J. . Economic Dynamics in Discrete Time. MIT Press, 2014.

87. Mihal M. H. . Monetary Policy and Institutional Quality. Fordham University, 2009.

88. Moro A. . The Structural Transformation between Manufacturing and Services and the Decline in the US GDP Volatility. Review of Economic Dynamics, 2012, 15 (3): 402-415.

89. Ngouana C. L. . Constant. Structural Transformation and the Volatility of Aggregate Output in OECD Countries. IMF Working Paper No. 13/43, 2013.

90. Olaberria E. , Rigolini J. . Managing East Asia's Macroeconomic Volatility. World Bank Policy Research Working Paper No. 4989, 2009.

91. Primiceri G. E. . Time Varying Structural Vector Auto-regressions and Monetary Policy. The Review of Economic Studies, 2005, 72 (3): 821-852.

92. Rajan R. G. . Has Finance made the World Riskier? European Financial Management, 2006, 12 (4): 499-533.

93. Roger S. , Vlcek J. . Macronancial Modeling at Central Banks: Recent Developments and Future Directions. IMF Working Paper 12/21, 2012.

94. Sargent T. J. . Beyond Demand and Supply Curves in Macroeconomics. American Economic Review, 1982, 72 (2): 382-389.

95. Shamloo M. . Price-setting in a Model with Production Chain: Evidence from Micro-data, IMF Working Paper 10/82, 2010.

96. Sims C. A. , Zha T. . Were There Regime Switches in US Monetary Policy? American Economic Review, 2006, 96 (1): 54-81.

97. Sims C. A. . Solving Linear Rational Expectations Models. Computational Economics, 2002, 20 (1): 1-20.

98. Slutzky E. . The Summation of Random Causes as the Source of Cyclic Processes. Econometrica, 1937, 5 (2): 105-146.

99. Smets F. , Wouters R. . An Estimated Dynamic Stochastic General Equilibrium Model of the Euro Area. Journal of the European Economic Association, 2003, 1 (5): 1123-1175.

100. Smets F. , Wouters R. . Shocks and Frictions in US Business Cycles: A Bayesian DSGE Ap-

proach. American Economic Review, 2007, 97 (3): 586-606.

101. Stock J. H. , Watson M. W. . Has the Business Cycle Changed and Why. NBER Macroeconomics Annual, 2002, 17: 159-218.

102. Summers P. M. . What Caused the Great Moderation? Some Cross-country Evidence. Economic Review-Federal Reserve Bank of Kansas City, 2005, 90 (3): 6-32.

103. Tang S. , Groenewold N. , Leung C. . The Link between Institutions, Technical Change and Macroeconomic Volatility. Journal of Macroeconomics, 2008, 30 (4), 1520-1549.

104. Uhlig, H. , A Toolkit for Analyzing Nonlinear Dynamic Stochastic Models Easily, in Computational Methods for the Study of Dynamic Economies, ed. by R. Marimon and A. Scott. Oxford University Press, 30 - 61, 1999.

105. Wang P. , Wen Y. . Another Look at Sticky Prices and Output Persistence. Journal of Economic Dynamics and Control, 2006, 30 (12): 2533-2552.

106. Wang P. , Wen Y. . Financial Development and Economic Volatility: A Unified Explanation. Federal Reserve Bank of St. Louis Working Paper Series, 2009 (2009-022) .

107. Yang B. , Political Democratization, Economic Liberalization, and Growth Volatility. Journal of Comparative Economics, 2011, 39 (2): 245-259.

108. Yun T. . Nominal Price Rigidity, Money Supply Endogeneity, and Business Cycles. Journal of Monetary Economics, 1996, 37 (2): 345-370.

109. Zhang W. . China's Monetary Policy: Quantity Versus Price Rules. Journal of Macroeconomics, 2009, 31 (3): 473-484.

后 记

依稀记得当初读博的初衷是毕业后能够成为一名高校教师，做自己感兴趣的东西并能够养家。在求学期间，我们花费了大量的时间和精力学习和研究动态随机一般均衡模型方法，并以此研究中国经济问题。随着学习和研究的不断深入，我逐步认识到，要深刻理解现实经济问题需要具备一定的基本素质：第一，具备一定的经济感悟能力和经济素养，对现实经济问题能够深刻理解和把握，善于捕捉经济现象背后的制度和政策背景，并能够对现象进行一定的逻辑论证；第二，熟悉和掌握一定的经济分析工具，能够选择合适的工具对问题进行分析和论证。而这两点素质则需要长时间的经验积累和学习，是一个长期积累和学习的过程。

在本专著形成的过程中，我们要感谢南开大学虚拟经济与管理研究中心的刘骏民教授、刘晓欣教授、李俊青教授、李宝伟副教授，感谢他们在此书写作过程中给予的帮助和指导，在此向诸位老师表达谢意。

这本著作是中国特色社会主义经济建设协同创新中心一般项目"产业结构升级、经济波动平稳化和经济风险问题研究"的阶段性成果，衷心感谢这个项目的资助。本著作同时感谢上海淳粹文化传媒有限公司"上市公司非交易数据研究"项目的资助。

这本专著算是我们对中国经济波动问题的一个初步探索，后续我们要以饱满的热情、积极乐观和勤奋踏实的态度去进行下一轮深入的研究，以更好地推进对中国宏观经济问题的理解。

张四灿　张　云

2017 年 9 月天津